U0821213

编 写 人 员

主　编　冯开红　陈晓果

副主编　冉　娟　李春燕

参　编　孟　杨　华兴耀

乡村振兴实用技术培训教材

农民合作社建设与管理

冯开红　陈晓果　主编

中国农业大学出版社
· 北京 ·

内容简介

本书为新疆农业职业技术学院乡村振兴实用技术培训教材，分为认知农民合作社、创办农民专业合作社、管理农民专业合作社、发展壮大农民专业合作社等几章，每章设置模拟实训（理事长的一天），逐步解决合作社认知、创办、管理到发展各个阶段所遇到的问题，便于广大农业经营人员学习提高合作社的经营管理水平。本书基于自治区农民合作社经营管理人员的基本诉求与特点，结合编著者多年从事一线合作社培训的经验，以农民小华在创办农民合作社及管理合作社过程中遇到的各种问题为主线，展示小华在解决实际问题过程中培养能力的过程。本教材引入了大量的新疆当地合作社典型案例，用通俗易懂的语言，寓教于乐，力求使读者轻松学习，快速提升。本书可用于高素质农民培训和农村经济管理工作者学习使用。

图书在版编目(CIP)数据

农民合作社建设与管理/冯开红，陈晓果主编. -- 北京：中国农业大学出版社，2023.9

ISBN 978-7-5655-3063-0

Ⅰ.①农… Ⅱ.①冯… ②陈… Ⅲ.①农业合作社-中国-教材 Ⅳ.①F321.42

中国国家版本馆 CIP 数据核字(2023)第 175697 号

书　　名　农民合作社建设与管理
作　　者　冯开红　陈晓果　主编

策划编辑	张　玉	**责任编辑**	张　玉
封面设计	李尘工作室		
出版发行	中国农业大学出版社		
社　　址	北京市海淀区圆明园西路 2 号	**邮政编码**	100193
电　　话	发行部 010-62733489,1190		读者服务部 010-62732336
	编辑部 010-62732617,2618		出　版　部 010-62733440
网　　址	http://www.caupress.cn	**E-mail**	cbsszs@cau.edu.cn
经　　销	新华书店		
印　　刷	涿州市星河印刷有限公司		
版　　次	2023 年 10 月第 1 版　　2023 年 10 月第 1 次印刷		
规　　格	170 mm×240 mm　　16 开本　　12.5 印张　　144 千字		
定　　价	38.00 元		

图书如有质量问题本社发行部负责调换

前　言

《中华人民共和国农民专业合作社法》(以下简称《农民专业合作社法》)于 2007 年 7 月 1 日正式实施,2017 年 12 月 27 日第十二届全国人民代表大会常务委员会第三十一次会议进行修订并于 2018 年 7 月 1 日起施行。党的二十大报告指出:“全面推进乡村振兴。”“全面建设社会主义现代化国家,最艰巨最繁重的任务仍然在农村。坚持农业农村优先发展,坚持城乡融合发展,畅通城乡要素流动。”乡村振兴的关键在于产业振兴,农民合作社是带动农户进入市场的新型农业经营主体,是创新农业经营管理的有效载体,在乡村产业振兴中发挥着重要作用。应按照积极发展、逐步规范、强化扶持、提升素质的要求,加大力度、加快步伐发展农民合作社,切实提高其引领带动能力和市场竞争能力。帮助和引导农民合作社的创立、发展,规范农民合作社的组织行为,保护农民合作社及其社员的合法权益,对促进农业和农村经济的发展具有划时代的意义。

新疆的农民合作社经过 15 年的实践,涌现出一大批引领时代发展的国家级、地区级示范社,也出现了一些阻碍其规范发展的问题,如组织运行不规范、辐射带动能力弱、财务管理较混乱、没有较长远的规划等,导致部分合作社名存实亡,有利就合,无利就散,使得农民的利益受损,进而对合作社失去信心等。

本书立足服务“三农”,以《农民专业合作社法》为依据,从提高农民素质的角度出发，通过认知农民合作社，创办农民专业合作社，管理农民专业合作社，发展壮大农民专业合作社等几个模块，以“小华创办合作社的故事”为背景案例，在每一章里，都引入模拟实训（理事长的一天），逐步地解决合作社在认知、创办、管理到发展各个阶段所遇到的问题。为了更好地学习与借鉴，全书精选了40个典型案例供大家参考与分享，期望能对农业企业、农业大户、农民合作社、家庭农场及有志于农业产业的朋友们有所帮助和指导。

本书由新疆农业职业技术学院冯开红教授和新疆维吾尔自治区昌吉回族自治州农村合作经济管理局陈晓果担任主编，新疆农业职业技术学院冉娟教授和新疆农业职业技术学院李春燕讲师担任副主编，新疆农业职业技术学院孟杨教授和昌吉市盛华鹿业专业合作社社长华兴耀参编。编写具体分工如下：冯开红编写第一章、各章案例收集及全书统稿，陈晓果负责部分案例提供与提出整体建议，冉娟编写第四章并负责全书审稿，李春燕编写第三章及校稿，孟杨编写第二章，华兴耀负责部分案例提供与提出建议。本教材编写过程中参阅了大量的文献，得到了专家学者及编者所在单位领导、同事的大力支持，在此一并致谢。

由于编者水平有限，书中难免存在疏漏与不足之处，敬请读者批评指正。

编　者

2022年8月

目　录

第一章

认知农民合作社

案例【1-1】

乌苏××养牛奶业合作社

在20世纪90年代中期，新疆乌苏市××乡镇有一个公司在××村附近建了一家奶粉厂，附近的部分村民开始饲养奶牛。农户单独售奶过程中，经常被厂方拖欠奶款，几年下来被欠奶款达20多万元，严重影响了农户收入，也打击了大家的养牛积极性，有人迫不得已卖掉了奶牛。为了解决拖欠奶款问题，1999年由该村干部牵头，18个奶牛养殖户组建了乌苏××养牛协会，由时任村委会主任老刘兼任理事长。老刘同志早先就是养牛大户，协会成立后被推选为理事长。他担任理事长后做的第一件事就是以协会名义和厂家谈判，解决了养殖户被拖欠的全部奶款。随后，协会成员进行了分工，发挥协会成员的特长，各司其职，养殖户的困难逐步得到了解决；协会还购买了贮奶罐，打开了更大的市场。这些举措不仅提高了奶价，降低了坏奶率，还确保了牛奶销售渠道通畅，激发了更多农户饲养奶牛的积极性。2007年《农民专业合作社法》实施后，乌苏××养牛协会变更为乌苏××养牛奶业合作社。

请大家分析:(1)协会或合作社为大家解决了什么问题?您从这个案例中学到了什么?(2)您理解的农民合作社是怎样的?协会和合作社有什么不同呢?(3)如果您是老刘,还能为合作社干点什么?

本章将学习农民合作社的内涵、地位作用和意义、农民合作社的主要类型及主要模式等知识要点,借助案例实训的方式,帮助大家认知农民合作社。

第一节　农民合作社的内涵

一、什么是农民合作社

《农民专业合作社法》所称农民专业合作社,是指在农村家庭承包经营基础上,农产品的生产经营者或者农业生产经营服务的提供者、利用者,自愿联合、民主管理的互助性经济组织。

农民合作社是目前农村合作经济组织中最理想的发展形态。小生产与大市场的矛盾一直困扰着我国农业、农村经济的发展。随着市场经济的不断发展,出现一座连接农户与市场的"桥梁"——新型农村合作经济组织。市场经济的发展和农村合作经济组织的实践使得农村合作经济组织逐渐向"专业合作经济组织"发展。农民合作社是由从事同类产品生产经营的农户、贩销大户、农业生产经营组织自愿组织起来,在劳动、技术、资金、信息、购销、加工、储运等环节,实行自我管理、自我服务、自我发展的一种组织形式。这种组织形式最大的特点在于产加销一体,吸收众长,弥补其他农村合作组织形式存在的诸多不足。

二、农民合作社应遵循的原则

(1)成员以农民为主体；

(2)以服务成员为宗旨，谋求全体成员的共同利益；

(3)入社自愿、退社自由；

(4)成员地位平等，实行民主管理；

(5)盈余主要按照成员与农民合作社的交易量(额)比例分配。

第二节　农民合作社的地位、作用和意义

一、农民合作社的地位

合作社是小农户联合生产的有效方式，是连接小农户与大市场的桥梁。进入21世纪后我国大力推动农民合作社发展，合作社数量从2006年颁布、2007年实施《农民专业合作社法》时的2.64万家，增加到2021年年底的220余万家。

农民合作社的地位体现在以下几个方面：

第一是生产要素互补，包括物质互补、劳力互补、技术互补。20世纪50年代初农民分配到不同的生产资料，合作互补提高了生产效率；近10余年资本与技术(包含经验)互补促进了科技的快速发展。

第二是经济力量整合。农民合作社进入市场能提高农民的市场博弈地位，降低交易成本。随着合作社的发展，合作力量增大，业务领域更加多样化，很多合作社创办了加工、流通、贸易企业，实现了产

业融合。发达国家中规模较大的合作社还开拓了海外市场，并进行研发。

第三是争取各项财政金融优惠政策。发达国家的农民合作社不仅取得了市场竞争优势，还通过影响政府决策来保护农民的利益，实现税收减免，获取财政补贴、信贷优惠等。中国的农民合作社可以获得来自政府的税收优惠、金融财政扶持（从事粮食规模经营的合作社还可以获得更多的政府支持，如规模经营补贴、合作社购置农机补贴等）；还可以获得政府以外其他机构支持，如韩俊（2020）在中国邮政助力农民合作社高质量发展交流活动上的讲话中讲到，邮储银行提供惠农合作社贷款达28.3亿元，单户贷款额度最高达3 000万元；中邮保险为农民合作社及其成员提供近158亿元的专属团体保险和个人保险风险保障。中化农业总经理（2020）在采访中提到，中化农业近3年来直接服务各级各类农民合作社3 727个，其中各级示范社1 665个，贫困县合作社232个，发展580个农民合作社成为MAP乡村服务站，助力小农户与现代农业有机衔接。

二、农民合作社的作用和意义

第一，可以促进农户与市场的对接，使农民“种有所导、产有所销、销有所包”。

农民合作社特点是上联市场、下联农户，融产供销于一体，它能够以其市场信息的优势，去指导和引导农民种什么、养什么，带动农民发展优势产业，形成“一乡一品、一村一品”。它通过为农户统一提供种苗、技术等一系列标准化服务，组织农户按照市场需求，有计划、有针对性地种植、养殖；通过商标注册、产品包装和广告宣传，提高商品的附加值，提高商品的知名度和市场占有率。真正实现千家万户的农民与千变万化的市场相对接。

第二,可以促进农业产业结构调整,提高规模经营水平,增强抵御风险能力。

农民合作社作为解决小农户与大市场矛盾的组织,从诞生之日起,宗旨就是把农户组织起来,抱团经营,抵御风险。其一,直接与市场联结,实施订单农业,直接促进农业产业结构合理调整,降低投资决策的盲目性。同时,联结龙头企业,增强技术、资金实力,提高农产品的科技含量,实施规模经营。其二,与农户联结,建立利益共享、风险共担的互助合作关系,面对市场风险和自然风险,可以通过一方有难、八方支援,有效地减轻风险程度。其三,实现利润最大化。通过组织进行统一谈判和销售,增加谈判"筹码",最大限度地提高农产品销售利润;通过组织成员批量购进农业生产资料等,可最大限度地降低生产成本,将组织内部加工和流通环节所获得的利润实行二次分利,有效保证农民收入稳定增加,把农民承担的市场风险降到最低限度。其四,维护行业竞争秩序。通过为农户提供市场信息,牵线搭桥,把农产品有序地引向市场,从而提高组织化程度,降低市场交易成本,增强农民承受市场风险和自然风险的能力。

第三,可以促进农业科技知识的传播与科技成果的推广。

农民合作社以其自身特有的民办性、合作性和专业性等优势,为会员(社员)提供产前、产中、产后的全程服务。通过创办科技示范点(户)、示范园,举办培训班等方式,及时地将农业新技术、新知识传送给农民,促进农民素质的提高。事实上,从国内外发展专业合作经济组织成功例子来看,农民参加的目的不仅因为民主化管理和利润返还,或入股分红,对他们最有吸引力的还包括服务。

一是通过向社员提供新技术、新品种,提高农产品的产量和品质,增强市场竞争能力,达到优质高价;二是通过为社员提供购销信息,降低市场的交易成本和生产成本;三是通过兴办经济实体,从事农产品的加工和销售，将农产品加工或销售增值的部分利润返还给社员；四是利用成员间的辐射和示范效应，带动周边农户共同致富。实践证明，发展农村专业合作经济组织，起到了建一个专业合作组织、兴一个产业、活一片经济、富一方农民的作用，它是增加农民收入的一条重要途径。农村专业合作经济组织以服务为桥梁、以经济为手段、以共赢为目的，把农民联合起来，办农村社区组织难以统起来的事，办经济技术部门难以包起来的事，办农民单家独户难以做起来的事。它对于推动我国从传统农业向现代农业转变，提高农业的比较效益和农民收入都起着很重要的作用。

第三节　农民合作社的主要类型及主要模式

一、农民合作社的主要类型

我国农民合作经济组织主要有三类：

第一类是农民专业合作经济组织，包括专业协会和专业合作社；第二类是社区合作经济组织，指乡村集体经济组织；第三类是供销社、信用社。我国的《农民专业合作社法》主要是针对农民专业合作社制订的。

根据合作的紧密程度，农民合作经济组织可归纳为以下三种类型：

1. 初级形式——专业协会

农民合作经济组织中，各种专业协会占80%～90%，是一种较为松散的合作形式，农户入会有的缴纳会费，有的不缴纳会费，不出资也不入股，成员和协会之间利益联结不紧密。

专业协会有两个转变：①松散型向实体型转变，利益联结和服务范围上，从过去单纯的技术信息服务向生产、加工、购销等环节延伸与转变；②劳动合作向资本、要素合作转变，在合作方式上，逐步由劳动合作向资本合作、要素合作方向发展。

2. 典型形式——农民专业合作社

农民专业合作社与专业协会的区别主要在于：合作社是实体性的，内部制度比较健全，与农民利益联系紧密。成员入社一般都要出资或缴纳股金。传统的合作社实行一人一票，民主管理。合作社财产要平均量化到每个成员。合作社的利润按交易量和出资份额返还给成员，股金分红要受到限制(50%以内)。

3. 创新形式——股份合作社

它是传统农民专业合作社的派生形式，本质特点是实行劳动联合与资本联合相结合、按劳分配与按股分红相结合。兴办股份合作社主要目的是为了吸引资金。股份合作社在分配上实行按交易额分配与按资分配相结合，对外来资本(股金之外投入的额外资本)和社会资本(非社员资本)实行按股分红，但在合作社内部则实行按交易额返还。

二、农民合作经济组织与其他经济组织的区别

(一)农民合作经济组织与一般企业的区别

1. 组织目的不同

农民合作经济组织是以为农民成员服务宗旨的，虽然它对外也开展经营，谋取利润，但在组织内部不以营利为目的。而公司等企业则始终是以追求利润为目的的组织。

2. 组织基础不同

农民合作经济组织是“人”的联合，当然“人”也包括“法人”指企业法人、事业法人和社团法人。但它是以农民为主体，而公司等企业是“资本”的联合，是以资本为主体。在合作组织内部实行按人投票，也就是一人一票，而公司等企业是按资本投票，即一股一票。

3. 管理方式不同

农民合作经济组织实行民主管理，除一人一票外，每个成员都有选举权与被选举权，都有对理事会的工作实施监督和提出批评、建议的权利。而公司等企业则实行一股一票，由大股东控股，大股东有权决定企业的经营管理。

4. 成员制度不同

农民合作经济组织实行自愿的成员制度，虽然成员加入组织时要出资，但退出时，可以退资。而公司实行股金制度，不能抽逃入股资金，可实行股份转让。

5. 盈余分配的依据不同

农民合作经济组织的盈余是按成员的交易额来分配的，即按成员对合作组织的贡献来分配，而公司等企业则是按股分配，也就是按资本对公司的贡献来分配的。

6. 成员和经营方式

农民专业合作社的最大特征是，合作组织成员既是合作组织的所有者(社员)又是合作组织提供服务的使用者，两者身份统一，也就是所有者和惠顾者的统一性，这是和一般工商企业最本质的区别。

农民专业合作社在经营上具有较强的公益性和两重性，对内以社员互助互利为主，和一般企业的性质不同；对外追求利润最大化，又具有和普通企业性质相同的特点。一般企业以追求利润最大化为主要目标，公平的职能由政府承担，而农民合作组织在追求效率的同时，要兼顾公平，实际上承担了政府的一部分职能，这就具有一定的公益性质。

农民专业合作社收益分配机制也和一般公司企业不一样。合作社盈余分配，除扣去一部分公积和经营费用外，按社员和合作社之间的交易额的比例返还给社员。

（二）农民合作经济组织与农产品行业协会区别

农民专业合作经济组织与农产品行业协会是两个不同范畴的组织，它们的区别在于：

1. 组建的主体不同

农民专业合作经济组织以农民为主体组建，行业协会以生产、加工、购销企事业单位（包括专业合作组织）为主体组织。

2. 组织性质不同

农民专业合作经济组织从发展趋势看是发展为经营性企业法人，行业协会是经济类社团法人。

3. 职能作用不同

农民专业合作经济组织重点是从事经营活动和农产品加工销售活动，行业协会重点是协调和自律，不从事经营活动。

二者虽然截然不同，却有内在联系。农民专业合作经济组织和农产品加工购销企业的充分发展，为行业协会产生奠定了基础；行业协会的组建更加有利于农民专业合作经济组织和农产品加工购销企事业的拓展和延伸，逐步形成乡村基层专业合作社＋省市县区域性行业协会＋全国性行业联合会这样配套的专业合作体系。

（三）农民专业合作社与农业产业化经营模式下农民角色的区别

1. 农业产业化经营模式下的农民角色

农民只是客户，公司和农民是供需关系，公司向农民采购产品，进行结算,公司利润主要自留。

2. 农民专业合作社模式下的农民角色

加入合作社的社员是股东兼客户,社员控制合作社。社员产品交合作社销售,事后结算,合作社利润全部分配(除留公积金)。

(四)农民专业合作社与社区自治组织的区别

1. 农民专业合作社

不受地域限制,不具有地方行政职能,具有商业风险责任的承担能力,具有商业法人资格。

2. 社区自治组织

受地域限制,具有地方行政职能,不具有商业风险责任的承担能力,不具有商业法人资格。

三、农民专业合作社的任务与标志

(一)农民专业合作社的任务

以成员为主要服务对象,提供产前、产中、产后的技术、信息、生产资料购买和农产品的销售、加工、运输、储藏等服务。

(二)农民专业合作社的标志

(1)农民属性。是否以农民为主体组建。组织成员中,享有农村土地承包经营权的成员必须占80%以上。

(2)是否以服务成员为宗旨。农民合作社要谋求全体成员的共同利益。

(3)是否是农民自愿参加。农民合作社是一个开放性的组织,成员加入退出完全自愿。

(4)是否由农民说了算。主要体现在:民主选举本组织领导人,民主制定章程制度,民主决策经营服务的内容和方法,民主决定收益分配等重大事项。

(5)是否盈余返还。合作社当年收益,在按一定比例留足发展资金和风险资金后,应按照成员的出资份额和与合作组织的交易额返还给每一个成员。

四、农民专业合作社的主要模式

合作社发展模式各个地区特色鲜明,按照一二三产业划分有生产合作型、加工合作型、销售合作型、休闲农业合作型、科技服务型、金融服务型及一二三产融合型等各种类型的农民合作社。依合作社的带动形式不同,可分六种类型。

(一)专业大户牵头型

由能人大户发起,积极吸纳农户参加,组织农产品生产、加工、销售,形成"合作社+农户"的运行机制。

案例【1-2】

新疆呼图壁县大丰镇同发青贮饲料合作社

新疆呼图壁县大丰镇同发青贮饲料农民合作社组建于2009年,随着呼图壁县奶牛养殖业的迅速发展,种植青贮饲料的农户也不断增多。农民种植青贮饲料存在收割难、拉运难、销售难等问题,为解决以上问题,由种植青贮饲料的大户牵头,种植户出资入股,组建合作社。合作社一方面负责为种植户联系订单,收割、拉运、交售青贮饲料,结算原料款;另一方面负责为养殖企业落实种植基地,收购青贮饲料。同时,合作社春季还为农民提供种子、周转金。这种类型的合作社为养殖企业和青贮饲料种植户架起了一座联系、沟通的桥梁，实现了青贮饲料种植户、养殖企业、合作社三方共赢的局面，合作社共带动1 400户农民种植青贮饲料，基地遍布北疆各地。

（二）龙头企业带动型

即以龙头企业为依托，由农民组建专业合作组织，形成“龙头企业＋专业合作组织＋农户”的产业化运行模式。

案例【1-3】

新疆玛纳斯县兴乐生猪养殖专业合作社

新疆玛纳斯县兴乐生猪养殖专业合作社是依托天康公司而成立的，按照“政府扶持、企业带动、合作社组织、农户分散经营”的发展思路及“统一建规划、统一建圈、统一猪苗、统一饲料、统一防疫、统一销售”的经营模式，在全镇4个村建立养殖小区，形成了典型的企农合作发展模式。

（三）主导产品或产业带动型

以某一农产品为主，成立专业合作社，建章立制，联结分散农户，形成“主导产品或产业＋专业合作社＋农户”的运作形式，既增强了市场竞争力，促进了支柱产业的形成，又增加了农民收入。

案例【1-4】

新疆惠农农产品保鲜合作社

新疆惠农农产品保鲜合作社是2008年成立起来的新型农村产业

化合作社，该合作社在全疆推广农产品保鲜技术，目前技术服务辐射全疆52个县市，截至2022年底带动1 200多户农民修建保鲜库和种植鲜食葡萄，进行技术培训6 800多人次，社员学到了可靠的保鲜技术，保证了保鲜果品的新鲜完好率。合作社现有社员1 200人，固定资产投入达到1 055万元，拥有保鲜冷库38间，库容达到10万米^3，年贮藏交易瓜果蔬菜12.5万多吨，拥有鲜食葡萄基地5 000亩，保鲜贮藏的葡萄、苹果、香梨已远销广州、上海等20多个城市及越南、泰国、哈萨克斯坦等国家。惠农保鲜合作社为社员提供产前、产中、产后的一条龙服务，利用自己的试验库，进行大量的保鲜工艺研究试验，并对现有保鲜技术引进应用，掌握了可贵的第一手资料。先后试验成功红提葡萄、无核白、西瓜、甜瓜、鲜枣、草莓、蟠桃、西兰花、苹果、香梨等果蔬的保鲜技术，并形成了文字技术资料，在全疆推广，供社员参阅，带动一大批社员走上了致富路。惠农保鲜合作社自行设计研发的拱形钢架轻钢构保鲜冷库，可降低投资成本50%，节能30%，已达到国内同行业领先水平，此项技术现已在全疆推广。

（四）基地带动型

以本区域的产品基地为基础，以技术、资金、土地等生产要素为纽带，通过“基地＋专业合作组织＋农户”的运作形式，带动农民致富。

案例【1-5】

新疆玛纳斯县依托基地组建合作社

新疆玛纳斯县依托中粮集团在当地的10 000亩番茄基地，以“企业流转、统一经营”种植模式为基础，组织农户在自愿互利的前提下，以家庭经营为基础，组建农民专业合作社，按照一个村为一个单元，将分散农户组织起来，实行“六统一”管理，即统一品种、统一农资、统一种植、统一管理、统一销售、统一分红，实现农户与市场的有效对接，实现产业化经营。

（五）股份合作型

即由农户、集体和企业自愿组合，共同出资，共同经营，风险共担，利益共享而建立的紧密型专业合作经济组织。

案例【1-6】

股份合作社——昌吉市榆树沟镇民心农村资金互助社

作为全疆首家资金互助社——昌吉市榆树沟镇民心农村资金互助社（以下简称资金互助社）成立于2011年4月19日，在昌吉州、市、各级党委和人民银行的大力支持关心下，取得了较好的效益。该社组织机构为“三会一层”制，由社员代表大会、理事会、监事会和经营管理层组成（其中理事会5人、监事会3人、经营管理人员20人），下设4个部门，分别是营业部、信贷部、拓展部、综合部，目前股本金已达2 000万元。自开业以来，始终坚持立足农村、服务“三农”和农村小企业的市场定位，充分利用自身的优势为社员提供了方便、快捷、便利的存、贷款及结算业务，在一定程度上缓解了农户贷款难的问题，有力地支持了昌吉市农业经济的发展。

（六）一村一乡农民合作社

由政府或有关部门牵头兴办的一村一乡的农民组织合作社，其中干部发挥着积极作用。

案例【1-7】

新疆玛纳斯县兰州湾镇金土豆产供销专业合作社

新疆玛纳斯县兰州湾镇金土豆产供销专业合作社由村委会牵头，王家庄村58位农户自发入股成立，村委会主任兼任理事长，合作社注册资金8万元，其中农户入股6万元，村集体入股1万元。合作社统一供应农资，统一打造品牌，注册了“金土豆”商标，不断延伸产业链，建设了粉条加工生产车间，社员冬闲一个月可以收入4 000元，能生产90多吨干粉条。合作社先后获得“国家级50佳合作社”“国家级示范社”“自治区级五星级合作社”称号。

模拟实训

通过模拟合作社理事长的一天，将背景案例及本章内容结合起来，使学员沉浸其中，达到训练的目的。自本章起，我们将在学员学习了各章的知识要点与方法运用后，用“小华的创业故事”案例为背景，系统地学习与掌握农民合作社建设与管理的知识和技能。

1. 模拟实训规则

(1)学员角色扮演：将学员分为5～6人一组的若干小组，各小组指定(或推荐)一名学员为负责人来组织训练活动，下一次活动时更换人员，力求人人都能得到训练。每个小组为一个相对独立班组，根据训练背景内容的不同，每人扮演不同的角色。

(2)训练内容与范围：各类合作社的管理者在一天中，可能遇到的各种与背景案例及本章内容相关的问题。

(3)制定时间表：小组活动的总时间定为4小时(其中1～2小时为小组开展活动的准备时间，不在训练方案时间表中体现)，由小组负责人与成员一起按照BEST训练标准流程讨论、制定训练方案时间表。训练方案时间表要求格式化，允许有10%的调整弹性。

(4)训练标准流程：①训练规则说明；②分组及任务分解说明；③上任与面对问题(本章中的案例及可能遇到的各个问题)；④分析与讨论会议；⑤制定解决方案；⑥方案要点讲解与小组讨论点评；⑦讲师点评。

(5)考核：①从各小组中各抽出一人组成考核组；②考核对象：每个小组、每个人(特别是小组负责人)；③考核内容：流程考核(小组是否按照训练流程进行训练)，时间考核(小组是否按照训练时间表进行训练)，角色考核(每人角色扮演的形式与实质技能考核)，团队与效果考核(小组整体表现)；④考核形式：考核组集体打分；⑤考核标准：形式性考核占40%(包括流程、时间、角色、需要的书面解决方案等)，实质性考核占60%(包括小组及个人的实际表现、内容掌握深度、目标实现度等)。

(6)保留各项记录。

2. 模拟实训的背景案例及场景

案例【1-8】

小华创办合作社的故事(一)

小华是一名毕业3年的大学生，家在美丽的天山脚下的奇台县农村，所学专业是畜牧兽医专业。他在新疆一家饲料公司工作，几年间接触了一些种植、养殖合作社。小华的父母希望小华回乡接管自家的养殖场，小华认真思考后，决定从发展养殖业起步，逐步闯出自己的一片天地。经过调查，小华发现，近年来发展养殖业前景广阔，收益可观，但自家养殖也存在一些问题。比如说养猪的时候，从抓小猪、买饲料、防疫到卖大猪，都得自己去市场上单独办这些事情，交易的成本也很高。他想到如果大家合在一块儿办这些事情，那么抓仔猪和买饲料的数量大了，价钱就有可能便宜；防疫集中起来进行也方便了提供防疫服务的人，同时服务的质量也可能更好，服务的价格也可能降下来；卖大猪的时候猪多了，卖得方便，卖得价格也就高了。因此，小华积极行动起来，与周边8家养殖户联系，决定成立兴华养殖专业合作社。①小华怎样说服父母和周边的养殖户成立合作社呢？②合作社成立起来后主要的任务是什么呢？③要想办好这个合作社小华还需要干点什么呢？④小华父母认为还是扩大规模、自家建个大一点的家庭养殖场更好一点，你觉得呢？

3. 模拟实训运行

按照训练的标准流程运行，各个项目内容必需的时间由各小组具体设定。

(1)训练规则说明(建议时间10～15分钟)

主要是让学生明白为何要训练，训练什么，训练目标是什么，训练规则是什么，如何进行训练，如何进行考核，谁负责，多长时间完成等训练必需的内容。

(2)分组及任务分解说明(建议时间10～15分钟)

按照训练规则与班级人数分组，角色扮演，经过准备后进行。

(3)上任与面对问题(背景案例及可能遇到的各种问题)(建议时间15～20分钟)

①背景案例【1-8】中小华怎样说服父母和周边的养殖户成立合作社呢？帮小华制定一个成立合作社好处的提纲。

②请帮小华制定一份合作社成立起来后主要任务清单。

③设想一下，要想办好这个合作社小华还需要干点什么呢？

④小华父母认为，还是扩大规模自家建个大一点的家庭养殖场更好一点，你觉得呢？帮小华制定自建养殖场与成立合作社的优劣分析方案。

⑤合作社与一般企业的区别。

⑥帮小华整理一下学习本章的收获。

(4)分析、讨论会议与解决方案(建议时间 80～100 分钟)

对以上遇到的问题召集小组会议，逐项进行分析、讨论，制定出方案并书写完善。

(5)讨论点评与修改完善(建议时间 20～30 分钟)

通过小组讨论点评与总结及讲师点评，找到不足之处在哪，如何改进的建议等，修订完善方案。

(6)对各个小组考核评价(建议时间 20～30 分钟)

考核组对各个小组上交的材料，结合考核组对其实际记录及表现进行评价。各个小组需上交给考核组的材料主要有：训练议程安排；分组分工及角色扮演名单；所面临的问题清单；每个问题的解决方案；会议记录；各角色与小组训练活动总结报告；等等。考核组对每个小组及个人的实际表现、内容掌握深度、目标实现度等做记录。

案例分享与思考

案例【1-9】

新疆霍城县大西沟乡玉奴苏养殖专业合作社

新疆霍城县大西沟乡玉奴苏养殖专业合作社于2016年2月24日由兄弟6人合伙创建，合作社位于霍城县大西沟乡百寿山路003号。2016年合伙人投入了200万元，2019年为了扩建工厂又投入了500万元，当地政府补助了40万元，通过不断地更新与创新合作社有了一定规模。

1. 发展情况

玉奴苏养殖专业合作社于2016年建成500平方米的奶制品加工厂，吸纳24名本地劳动力就业，致力于纯天然、无添加的手工酸奶制作，将发展眼光聚焦在了奶制品加工上。合作社成立后，由发起人入户指导养殖技术、发展合作社员，目前已吸纳94名养殖户成为合作社员。

玉奴苏养殖专业合作社为鼓励社员积极生产，增加收入，还建立了一套激励机制：收购贫困户的牛奶收购价每千克高于一般农户0.2元；养殖10头牛以上的社员，合作社免费配送挤奶器；每天配送牛奶超过100千克，收购价每千克上涨0.3～0.5元，达到了良好的经济效益和社会效益。

从牛羊零散养殖到集中养殖,从牛羊销售到肉制品加工再到奶制品加工,大西沟乡牛产业链已初步形成。玉奴苏养殖专业合作社和庙沟源风干牛肉干厂还将产品打造成伊犁礼物,结合大西沟乡丰富的旅游资源,依托福寿山景区和线上销售,不断扩大销售规模,给当地民生和经济发展带来巨大变化。

2. 产品优势

主营产品包括酸奶、酸奶疙瘩、炼乳、奶渣、野酸梅酱等。

工厂位于新疆霍城县大西沟乡上村二组,在 AAAA 级福寿山旅游景区脚下。因所在地地理位置优越,牛吃的都是新鲜的嫩草,生产出来的牛奶质量也特别好,做出来的酸奶以及一系列的奶制品就有了质量保证。

酸奶和牛奶相比含有丰富的益生菌,可以有效地调节便秘。酸奶是牛奶发酵而成的,有些人不能食用牛奶是因为乳糖不耐受,酸奶可以避免乳糖不耐受,避免进食鲜奶后会发生的腹泻、腹胀、消化不良的症状。酸奶虽好但是也不是适合于所有人,胃酸过多的人群不可空腹食用酸奶,需要与其他食物一同食用,以免损伤胃黏膜。

3. 行业发展

根据规划,到 2022 年,全疆将新增奶牛存栏 9 万头,牛奶产量达到 240 万吨,新增牛奶产量 40 万吨,疆外乳制品销售量新增 15 万吨;到 2025 年,全疆新增奶牛存栏 20 万头,牛奶产量达到 300 万吨,新增牛奶产量 100 万吨,疆外乳制品销售量新增 30 万吨。

新疆将以提高奶牛单产水平和养殖比较效益为主要目标,着力提高奶业规模化、集约化、标准化水平,支持适度规模养殖,以优质安全、绿色发展为方向,加快推进新疆奶业做大做强,加快奶牛品质提升,建设国家级、自治区级奶牛核心育种场,推进高产奶牛核心群建设,建立自治区奶牛生产性能测定中心;加强奶源基地建设,建设一批设施设备完善、生产管理水平先进的现代化奶牛场;大力推广先进适用技术,积极推进奶牛群体改良、高效繁殖标准化饲养、优质饲草生产加工、疫病防治和生鲜乳质量控制。

为进一步发挥新疆乳业优势,今后一个时期,新疆将着力建设天山北坡、伊犁河谷、焉耆盆地等奶牛优势区域,打造优质特色奶源基地,提高奶业现代化水平,加快产加销一体化进程,打造全产业链企业集群。

4. 存在问题与对策建议

产品质量控制亟待加强。3 月 17 日,新疆维吾尔自治区市场监督管理局网站发布 2021 年第二期食品专项监督抽检信息,在"实物质量不合格产品信息"中,"玉奴苏手工酸奶"赫然在列,对品牌造成不良影响。因此,合作社采取以下措施:

一是严把质量关,在提高优质饲草料的产量和质量改善奶源产量和质量的同时,加强工艺管控。

二是针对产品单一、同质化严重的问题开发新产品。酸奶产品主打"手工、无添加剂、纯天然土特产"特色,但相对来说产品线还较为单一、产品竞争力相对较弱。对标天润乳业,发挥新疆北纬 45°黄金奶源带这一得天独厚的区位优势,将低温酸奶市场锁定为年轻消费人群,提出"研发一代、储备一代、生产一代"的产品创新思路,以每年 2～3 种新品的速度不断推新,已研发和推出产品 60 多个。

三是随着常温酸奶陷入同质化、价格竞争白热化的阶段,对于乳品企业来说,寻找新的增长点、发力细分市场、加强渠道建设与市场推广多元化已经势在必行。

加强宣传,引导本地市场消费与开拓内地市场相结合。快速信息化给当前的产品销售带来了挑战和发展机遇。传统的乳制品产业在多媒体时代迎来了新的机遇。除了提高产品质量和产量、发展多元化产品以迎合市场需求变化外，还要注重加强市场宣传，利用好网络平台，注重线上线下双重销售渠道。

针对不同市场采取不同销售策略。本地市场引导消费保质期短、生物活性因子高的巴氏奶等，内地市场销售保质期长、品质稳定的 UHT 灭菌乳、调制乳。争取运输成本补贴，积极外销，打入内地甚至国外市场。

分享与思考：根据以上合作社案例，总结出“三优一缺”，即写出此合作社三个以上值得你学习的优点，同时思考此合作社还有一个以上需要改进的地方。

案例【1-10】

新疆玛纳斯县乐源农业专业合作社

新疆玛纳斯县乐源农业专业合作社由张修豪和乐土驿镇周家庄村 9 户农民共同发起，于 2007 年 3 月正式成立。合作社成立以来，坚持在摸索土地经营模式、扩大经营规模、促进农民增收和拓展发展领域上做文章，逐步摸索出了一套适合合作社发展的农村土地经营权流转模式，即“乐源模式”。

一是吸纳土地入股，保底分红。合作社吸纳社员以土地和现金入股，实行保底分红，保证现金入股农户每年分红不低于股金的 12%，土地入股每亩每年保证成本 500 元、红利为每亩成本的 12%，其余盈利实行二次分红。目前，合作社已发展社员 268 户，其中，土地入股社员 69 户，现金入股社员 67 户，残疾人社员 132 户，社员入股折合股金 684.82 万元；拥有职工 42 人，固定资产 1 000 余万元。

二是高效益种植，统一管理。2012 年合作社在 12 000 亩土地上实行万亩连片规模化种植及公司化服务，集成应用农业高新技术，建设高标准农田管理信息平台，实施滴灌管理自动化，实行“六统一”管理（即：统一品种、统一农资、统一种植、统一管理、统一销售、统一分红），在种植模式、农民组织方式等方面实现了新突破。同时，合作社的发展也带动了全镇10个村实行了“联户经营模式”，在近45 000亩土地上进行了特色高效作物的生产经营，既提高了经济效益，又极大地提升了农民组织化程度。近两年又搭建智慧农技信息管理平台，集成线上线下农技服务，社员轻松用手机管着上千亩耕地。

三是公司化运作，产业化经营。合作社在发展高效规模农业的同时，充分做到资金的合理利用，不断开辟发展新的产业链，先后利用股金建起了节水灌溉材料厂和塑料颗粒加工厂。节水灌溉材料厂每年可生产滴灌毛管3 600万米，地膜1 200吨，小白龙滴灌毛管带300吨，可实现年利润100余万元。2011—2022年，合作社还承办了兰州湾、凉州户、塔管处及本镇的滴灌工程，施工面积达到了12 000亩，实现利润60多万元。

四是农民多元增收。社员通过土地入股、土地租赁、参与管理、从事生产等，实现了土地股金收益、地租收入、参与管理收益、劳动务工收益等多元化增收的目标。通过规范化经营，社员每亩平均收益达到1 200元。一个人管1 000多亩地，人均收入在5万元左右。2020年合作社分红时，最多的社员拿了30多万元。

五是发展循环产业。合作社在发展壮大的同时，积极探索发展循环产业，建立了废旧颗粒回收厂。每年秋季，合作社高价回收本镇废旧滴灌带及地膜进行加工，不仅实现了农民增收，而且为地膜厂提供了生产原料，形成农膜滴灌带“生产—回收—再生产”的良性循环经济发展模式，实现了资源循环利用，有效增加农民收入。

“乐源模式”是合作社在土地流转过程中摸索出的一种发展方

式，合作社进一步推广土地规模种植的“乐源模式”，在2013年再吸纳10 000亩土地由合作社统一经营，经营规模达到22 000亩；此外，为提高合作社种植业的机械化程度，采购采棉机1台，大马力拖拉机1台，用于土地机械化作业；积极引导农户将自家土地交给合作社经营与管理，实现亩均效益最大化；由合作社联系企业为流转出土地的农民提供生产性工作岗位。以上举措大大推动了合作社的发展。

分享与思考：根据以上合作社案例，总结出“三优一缺”，即写出此合作社三个以上值得你学习的优点，同时思考此合作社还有一个以上需要改进的地方。

案例【1-11】

新疆奇台县东湾镇大泉村润泉奶牛养殖专业合作社

新疆奇台县东湾镇润泉奶牛养殖专业合作社所在的大泉村，是一个回族村民占绝大多数的少数民族行政村，全村523户、1 791人，其中回族村民就占到了86%以上。大泉村回族村民长期以来就有饲养奶牛的传统，饲养经验丰富。目前，大泉村有奶牛养殖户178户，奶牛饲养量达367头，日产鲜奶5.2吨左右。

在合作社成立以前，奶农分散经营，组织化程度较低，再加上养殖户养殖规模较小、饲养管理技术落后、机械化水平低，导致奶牛饲养成本较高，鲜奶品质也得不到保障，奶农抵御市场风险的能力较弱；同时由于没有统一的组织，奶农直接面对企业进行销售，生鲜奶收购价格等由企业说了算，奶农切身利益得不到保障，直接影响到大泉村奶牛产业的健康发展。

为解决以上问题，2009 年 7 月由大泉村委员会发起成立了东湾镇润泉奶牛养殖专业合作社。合作社成立以来，在各级党委、政府的关心和指导下，积极探索发展路子：按照“民办、民管、民受益”的原则，以强化为社员服务为重点，千方百计降低社员养殖成本，提高鲜奶质量和销售价格，增加社员的收入，合作社也不断发展壮大。截至 2022 年底，合作社有 1 100 头奶牛和肉牛，年存栏 600 头、出栏 800 头，拥有 100 头牛的社员 2020 年纯收入达 40 万元。

一、强化服务理念，促进合作社健康发展

合作社采取“党支部＋合作社＋农户”的经营模式，实行“五统一”管理、“一站式”全程服务：统一饲料供应，统一鲜奶销售，统一疫病防治，统一品种改良，统一技术培训。合作社与社员之间形成了风险共担，利益共享的新型合作关系。

（一）统一供应饲料，降低养牛成本

合作社成立前，养牛户自己到市场上购买饲料，费用高，质量得不到保障；饲料买回来后，按经验投喂，缺乏科学的喂养方法，饲料浪费大，利用效益低。有的奶农没有喂养经验，出现很多积食病牛，有的还造成死亡。当时每头母牛的平均日产奶量还不到 15 千克。合作社成立后，统一为社员提供饲草料服务。

一是精饲料统一供应。合作社与泰昆、天康等饲料生产厂家联系，统一饲料品种和价格，低于市场平均价格销售给社员。由于集中统一采购，运输成本低，质量把关严，并在粮食收获旺季大量收购玉米等，降低了饲料成本。如奶牛浓缩精饲料，市场销售价格为每千克 2.8 元，社员通过合作社，购买 1 千克精饲料，比在市场上节省费用

0.2～0.3元。仅此一项，社员每年节省开支650～700元。

二是集中进行秸秆青贮。由于以前社员饲养奶牛的数量少，用料分散，各家各户青贮量少或质量不高，给青贮工作的实施造成了一定的困难。成立合作社后，为全面提高奶牛生产，在理事会的提议下，经社员代表大会通过，农户青贮由分散到集中。具体是由各家各户根据饲养量确定青贮数量，合作社统计后，统一组织青贮，青贮价格由过去每亩120元降低到100元，既保证了青贮数量及质量，又节约了成本，同时也使周边农民群众的玉米秸秆得到充分利用，增加了收入，杜绝了焚烧秸秆的现象。

(二)统一鲜奶收购，解除后顾之忧

以前奶牛养殖户一家一户地与鲜奶收购商打交道，在销售鲜奶时经常因质量、价格等原因与收购商产生矛盾。合作社成立后，由合作社引进吉木萨尔县蓝森鲜奶购销商，签订购销合同，企业负责收购合作社社员符合质量要求的合格鲜奶，价格高于奇台县市场平均价格，企业每收购一公斤鲜奶，返还给合作社0.1元的管理费，管理费总额的20%按社员的鲜奶交售量进行二次返还。

(三)统一疫病防治和品种改良，降低养殖风险

合作社成立后，聘请镇兽医站专业人员，为奶牛防疫、治病、配种、保健、技术培训等提供统一的服务，社员在需要服务时，只要打一个电话，服务人员便能当天到位，并按合作社的统一标准收取服务费。

(四)统一技术培训，提高科学养殖水平

针对合作社社员奶牛养殖水平参差不齐的现状，合作社加强了对社员的培训。合作社多次组织社员听取县畜牧兽医局专家

关于奶牛养殖技术的专题讲座，培训人员96人次。举办了秸秆青贮培训班，给社员讲解了青贮的必要性以及青贮要点，包括青贮的时机、青贮的方法、青贮质量的辨别、注意事项等，提高了社员对青贮重要性的认识和青贮的操作水平。合作社印发培训资料300余份，组织大家学习奶牛养殖技术，并经常组织社员进行养奶牛技术交流。合作社成立后，通过技术培训，大大提高了社员的科学养殖水平。

（五）延伸产业链，制作酸奶供不应求

合作社建设了酸奶加工车间，供给奇台县酸奶零售商和江布拉克景区，当地市场覆盖率达80%以上。

二、创新运行机制，促进合作社科学发展

（一）坚持“民办、民管、民受益”的原则，实行民主管理、民主决策

一是重大事项由社员（代表）大会研究决定，理事会负责执行，监事会负责监督。如股金的收取、会费的收取、基本建设及产权归属、饲料的购进、奶牛进入挤奶大厅挤奶的要求等重大事项都是由社员（代表）大会决策。例如，股金的收取和股金分红，理事会研究的意见是：合作社股金每股1 000元，以户为单位，认购股数不限。在本财务结算年度，根据股金的多少，按现行存款利率的一倍支付股息，经社员大会讨论表决一致通过。二是制定了收益分配方案。增加社员收入是组建合作社的出发点和归宿点，合作社按照“股金分红有限，利用合作社机会多少返利”的原则，制定了收益分配方案：①提取收益的60%上交村集体，作为土地入股分红，用于壮大集体经济。②提取公积金、公益金，占盈余的20%，用于合作社日常开

支。③按交售奶量给社员分红，占盈余的20%。④创新“托牛养殖”新模式。合作社通过争取项目资金，修建托牛所，鼓励农户将散养的奶牛交由合作社统一管理。农户托进来的奶牛，需要经过必要的健康免疫检查和产奶量的测定，日产奶量在23千克以下的，年底可分红2 000元，日产奶量达到30千克以上的，年底可分红3 000元，5年后，合作社向农户返还一头同等价格的奶牛，5年中所产牛犊归合作社所有。

(二)加强内部管理

一是建立岗位责任制。合作社对5名理事会成员和3名监事会成员，就生产指导、配种、防疫、市场营销等方面进行分工，明确了各自的岗位职责。二是建立健全各种内部管理制度。合作社制定了《学习培训制度》《财务管理制度》《卫生防疫制度》《股金管理制度》等内部管理制度。三是完善各种会议记录。合作社建立《社员(代表)大会记录本》《理事会记录本》《监事会记录本》《合作社办实事记录本》，并做好相关记录。四是设有专职会计、出纳，明确了财务账务处理程序。具体是：财务事项发生后由会计审核，理事长把关审批，每月定期公布账目，接受社员监督，真正体现了“民管”的原则。

三、今后工作打算

一是继续加大对合作社的投入力度，多方筹集资金，计划在3年内新修建标准化圈舍5栋，新增奶牛存栏数200头，使合作社奶牛存栏数达到500头以上，实现日产鲜奶量5吨以上目标。辐射带动周边农户拓宽致富门路，实现全村畜牧业人均纯收入8 000元以上。

二是进一步提升服务质量。继续加大对社员的培训力度，采取

“请进来”和“走出去”的方式，提高奶牛饲养、管理技术，使因技术等原因导致奶牛生病、死亡等所造成的损失降到最低。

分享与思考：根据以上合作社案例，总结出“三优一缺”，即写出此合作社三个以上值得你学习的优点，同时思考此合作社还有一个以上需要改进的地方。

第二章

创办农民专业合作社

案例【2-1】

新疆木垒哈萨克自治县美热瓦提民族刺绣手工艺品农民专业合作社

民族手工艺品刺绣是新疆木垒县的传统产业，以前由于没有组织开发，只能在民间流传，没有很好地实现其经济效益。2008年，木垒县政府热切关注这一产业。6月，木垒哈萨克自治县美热瓦提民族刺绣手工艺品农民专业合作社组建成立。合作社是由进城务工的哈萨克等少数民族农牧民和部分城镇下岗职工自发组织，经工商行政管理局依法注册登记的法人经济实体。合作社出资入股的股东成员有5名，其中农牧民占100%，注册资金58万元，合作社实行理事会负责制，在县民生工业园区拥有生产厂房460平方米，设有研发设计室、产品销售部和财务办公室。下设大型电脑绣花机车间，生产线4条，手工刺绣车间盘花机60台。在乌市碾子沟设有批发点一处，共有固定员工22人，分散生产的员工310多人，其中妇女劳动力占95%以上。通过发展，资源得到整合，技术得到提升，目前合作社设有高速电动缝纫机60台、电脑裁床、大型蒸汽熨斗等生产设施，拥有一支集创意、设计、生产、销售、培训为一体的专业队伍，以严谨的管理、卓越的设备提升技术能力；合作社严格按照“六有”标准（有独立的法人资格、有规范的组织规章、有紧密的合作关系、有较强的服务功能、有较大的经营规模、有明显的增收效果）规范运行管理，建立健全了合作社全体成员代表会、理事会、监事会的“三会”制度，充分保障全体成员的权利，讨论制定合作社12项工作制度，用制度管人、管事。按照财政部《农民专业合作社财务会计制度（试行）》健全会计账簿、财务管理制度和盈余分配制度，为合作社成员建立了完整的个人账户，确保掌握成员出资、公积金份额与合作社的交易情况，在实际操作中，坚持给成员合理分配利益，降低原材料供应成本，加大了成员劳务收入比例，最大限度地增加成员收入，切实提高民主管理水平，不断增强专业合作社可持续发展的内在动力。2009年，合作社申报了自己的品牌商标“美热瓦提（明珠）”，实现品牌化经营战略，并通过江苏省某公司联合制造了美热瓦提牌盘花机，经过多年的生产实践，凭借产品质量过硬，受到使用者的青睐。合作社生产的明珠牌民族刺绣产品，提高了布料、绣线的质量档次，扩大了先进机械设备规模，注重工艺美术设计，产品由家庭实用品逐步向旅游产品转变，坚持了“三统一”，即统一设计、统一规格、统一包装销售。2011年，合作社的刺绣产品被上海世博会选用，并作为新疆特色名优产品推向东亚各国。合作社的主要做法和经验可总结为以下几点：

一是建好一个章程。章程是合作社的灵魂，为了办好合作社，组织社员对章程进行反复的讨论，从社员的入社管理到社员的分红、盈余返还，从经营到销售等多个细节全部进行了讨论，制定出了符合合作社管理和发展的具有可操作性的章程，这是合作社持续发展的保障。

二是开好一个大会。即社员大会或社员代表大会，定期召开社员代表大会，讨论合作社的发展之道、经营之道、管理之道、合作之道，及时解决合作社在生产和管理中存在的问题，有利于合作社今后的发展。

三是选好一个理事长。充分发挥民主是合作社发展的根本，民主选举出一位具有较强经营能力、办事公正、管理水平高的理事长是合作社健康发展的关键。

四是建立健全各项管理制度是合作社规范运行的主线。特别是建立健全财务管理制度显得尤为重要，要选好几名懂业务的、思想品行好的财务人员，他们将会对合作社的发展起到至关重要的作用，通过成本核算，进一步降低生产成本，增加利润，按时分红，给社员及时返利，进一步增强合作社的凝聚力，增强社员的信心。

请大家分析：(1)为什么要成立美热瓦提民族刺绣手工艺专业合作社？你从这个案例中学到了什么？(2)如果由你组织农户成立合作社，你会从哪些方面入手？(3)怎样理解美热瓦提民族刺绣手工艺专业合作社的四点做法？

本章将学习农民专业合作社的组建条件、农民专业合作社的创建程序、农民专业合作社注册及具体样表、材料清单等知识要点，通过案例实训的方式，帮助大家熟悉农民专业合作社的创建过程。

第一节　农民专业合作社的筹建

一、农民专业合作社的组建条件

1. 创建的前置条件

是否是农民自愿参加。农民专业合作社是一个开放性的组织，成员加入、退出完全自愿；具有经营行为的合作社应到工商部门登记，没有经营行为的专业协会应在民政部门登记。

2. 成员以农民为主体

要有5名以上符合规定的成员。成员中农民至少占成员总数的80%，成员总数20人以下的可以有一个企事业单位或者社会团体成员，成员总数超过20人的，企事业单位和社会团体成员不得超过成员总数的5%。具有管理公共事务职能的单位不得加入农民专业合作社。

3. 要制定符合要求的合作社章程

要有全体设立人参加的设立大会通过的章程。章程是合作社的“宪法”。

4. 要核定合作社名称、住所和业务范围

要有符合法律法规规定的名称和章程确定的住所（场所）。业务范围是指章程中应当明确的农民专业合作社经营的产品或者服务的内容。

5. 要有符合章程规定的成员出资

合作社必须有一定的财产，作为独立承担责任的保证。

6. 要有符合法律规定的组织机构

成员大会或成员代表大会、理事长、理事会、执行监事或监事会等。其中成员大会和理事长必须设立。其他根据实际情况和需要而定。

二、农民专业合作社的创建程序

（1）确定发起人，找到至少5名成员，农民成员所占比例不低于80%。

（2）召开设立大会，选举理事会、监事会及理事长、监事长等。起草章程、确定合作社名称、住所、注册资本、营业范围等。

(3)授权代理人到工商部门办理合作社设立登记手续。

第二节　农民专业合作社注册

一、申领农民专业合作社法人营业执照

办理部门:工商行政管理局

依据:《中华人民共和国农民专业合作社登记管理条例》

提交材料:

(1)设立登记申请书;

(2)全体设立人签名(盖章)的设立大会纪要;

(3)全体设立人签名、盖章的章程;

(4)法定代表人、理事的任职文件和身份证明;

(5)全体出资成员签名、盖章予以确认的出资清单;

(6)法定代表人签署的成员名册和成员身份证明复印件;

(7)住所使用证明;

(8)指定代表或者委托代理人的证明;

(9)合作社名称预先核准申请书;

(10)业务范围涉及前置许可的文件。

收费内容:不收任何费用。

注意事项:农民专业合作社法人营业执照不需要年检。

二、办理农民专业合作社公章

办理部门：公安局

依据：《公安部印章管理办法》

提交材料：

(1)农民专业合作社法人营业执照复印件；

(2)法人代表身份证复印件；

(3)经办人身份证复印件。

收费内容：刻章费，根据材料不同收费。

注意事项：目前农民专业合作社需要的公章有行政章、财务专用章、法人代表章共三枚。

三、农村经济管理局或农村合作经济经营管理局(办理登记县、市农业农村局下属农经办)通报

办理部门：不需前往办理，由登记机关通报

依据：《中华人民共和国农民专业合作社法》(2017 年修订)第二章第十六条(登记机关应当将农民专业合作社的登记信息通报同级农业等有关部门)

四、申领组织机构统一代码

办理部门：质量技术监督局

依据：组织机构代码管理办法

提交材料：

(1)合作社法人营业执照副本原件及复印件一份(正面盖合作社公章)；

(2)合作社法人代表及经办人身份证原件及复印件一份;

(3)如受他人委托代办的,须持有委托单位出具的代办委托书面证明。

收费内容:根据当地政策。

注意事项:

(1)合作社自工商局批准成立或核准登记成立之日起30日内办理组织机构代码证。

(2)代码证有效期限为四年,到期需要换证;代码证实行年检制度;需年审费(根据当地政策)。

五、申领税务登记证

办理部门:国家、地方税务局

依据:《税务登记管理办法》

提交材料:

(1)法人营业执照副本及复印件;

(2)组织机构代码证书副本及复印件;

(3)法定代表人(负责人)居民身份证或者其他证明身份的合法证件复印件;

(4)经营场所房屋产权证书复印件;

(5)成立章程或协议书复印件;

收费内容:依据国家相关文件精神,将合作社纳入税务登记系统,免收税务登记工本费。

注意事项:①合作社应当自领取工商营业执照之日起30日内申报办理税务登记,未按照规定期限申报办理者,可处2 000元以下的罚款。②税务登记证定期验证、换证和年检,一年验证一次,三年更换一次。

六、办理银行开户和账号

办理部门：农业银行（农村信用社）

依据：《银行账户管理办法》

提交材料：

（1）法人营业执照正、副本及其复印件；

（2）组织机构代码证书正、副本及其复印件；

（3）农民专业合作社法定代表人的身份证及其复印件；

（4）经办人员身份证明原件、相关授权文件；

（5）税务登记证正、副本及其复印件；

（6）合作社公章和财务专用章及其法人代表名章。

收费内容：不收费

注意事项：在银行办理完账号、账户后，需要提交账户到税务局；每月到税务局报税。

案例【2-2】

农民专业合作社设立登记申请表(样表)

农民专业合作社设立登记申请书

<table>
<tr><td>名称</td><td colspan="4"></td></tr>
<tr><td rowspan="2">备选名称
（请选用不同字号）</td><td colspan="4">1.</td></tr>
<tr><td colspan="4">2.</td></tr>
<tr><td rowspan="2">住所</td><td colspan="4"></td></tr>
<tr><td>邮政编码</td><td></td><td>联系电话</td><td></td></tr>
<tr><td>成员出资总额</td><td colspan="4">（元）</td></tr>
<tr><td>业务范围</td><td colspan="4"></td></tr>
<tr><td>法定代表人姓名</td><td colspan="4"></td></tr>
<tr><td colspan="5">成员总数：________________（名）
其中：农民成员：________________（名）所占比例：____%
企业、事业单位或社会团体成员：______（名）所占比例：____%</td></tr>
<tr><td colspan="5">本农民专业合作社依照《中华人民共和国农民专业合作社法》《中华人民共和国农民专业合作社登记管理条例》设立，提交文件材料真实有效。谨对真实性承担责任。

法定代表人签名：

年　月　日</td></tr>
</table>

农民专业合作社设立登记提交文件目录

序号	文件名称	份数
1	法定代表人签署的农民专业合作社设立登记申请书	
2	全体设立人签名、盖章的设立大会纪要	
3	全体设立人签名、盖章的章程	
4	法定代表人、理事的任职文件	
	法定代表人、理事的身份证明	
5	全体出资成员签名、盖章的出资清单	
6	法定代表人签署的成员名册	
	成员身份证明复印件	
7	住所使用证明	
8	指定代表或者委托代理人的证明	
9	名称预先核准通知书(经名称预先核准的需提交)	
10	登记前置许可文件(业务范围涉及前置许可的需提交)	

经办人签名：

年　　月　　日

注:经办人为全体设立人指定代表或者委托代理人。

指定代表或者委托代理人的证明

指定代表或者委托代理人姓名：________________

指定代表或委托代理人的权限：________________

同意□　不同意□　修改有关表格的填写错误

指定或者委托的有效期限：自____年____月____日至____年____月____日

指定代表或委托代理人联系电话	固定电话：
	移动电话：
（指定代表或委托代理人身份证复印件粘贴处）	

委托人（全体设立人□　法定代表人□　清算组全体成员□）签名或盖章：

年　月　日

注：1. 指定代表或者委托代理人的权限按授权内容自行填写，主要包括：办理名称预先核准、设立登记、变更登记、注销登记或备案等；指定代表或者委托代理人更正有关材料的权限，选择“同意”或“不同意”并在□中打√。

2. 在选择的委托人类型□中打√，委托人是自然人的由其签名；委托人是法人的由其盖章。

3. 指定代表或者委托代理人证件复印件应当注明“与原件一致”并由本人签名或者单位盖章。

4. 委托人签名、盖章写不下的，可另备页面签名、盖章。

特别提示：经办人为法定代表人的，不必向登记机关提交此证明。

农民专业合作社法定代表人登记表

<table>
<tr><td>姓名</td><td></td><td>联系电话</td><td></td></tr>
<tr><td>现住所</td><td></td><td>邮政编码</td><td></td></tr>
<tr><td>居民身份证号码</td><td colspan="3"></td></tr>
<tr><td colspan="4">（身份证复印件粘贴处）</td></tr>
<tr><td colspan="4">《中华人民共和国农民专业合作社法》(2017 年修订)第三十七条规定：“农民专业合作社的理事长、理事、经理和财务不得兼任业务性质相同的其他农民专业合作社的理事长、理事、监事、经理。”第三十八条规定：“执行与农民专业合作社业务有关公务的人员，不得担任农民专业合作社的理事长、理事、监事、经理或者财务会计人员。”
本人符合《中华人民共和国农民专业合作社法》第三十七条、第三十八条的规定，并对此承诺的真实性承担责任。
法定代表人签名：
年　　月　　日</td></tr>
</table>

农民专业合作社成员出资清单

序号	出资成员 姓名或名称	出资方式	出资额 （元）	出资成员 签名或盖章

成员出资总额：____________________（元）

法定代表人签名：

年　　月　　日

填写农民专业合作社成员出资清单须知

1. 出资方式：农民专业合作社成员以货币作为出资的填写“货币”。以实物、知识产权等可以用货币估价并可以依法转让的非货币财产作为出资的，填写非货币财产的具体种类，如房屋、农业机械、注册商标等。

2. 出资额是成员以货币出资的数额，或者成员以非货币财产出资由全体成员评估作价的货币数额。

3. 出资成员是自然人的由其签名，是单位的由其盖章。单位盖章可以加盖在出资清单的空白处。

4. 因出资成员多出资清单写不下的，可另备页面载明。

5. 应当使用钢笔、毛笔或签字笔工整地填写表格和签名。

农民专业合作社成员名册

序号	成员姓名或名称	证件名称及号码	住所	成员类型
1				
2				
3				
4				
5				
6				
7				
8				
9				
10				
11				

本农民专业合作社的成员符合《农民专业合作社登记管理条例》第十三条、第十四条的规定，并对此承诺的真实性承担责任。

法定代表人签名：

年　　月　　日

填写农民专业合作社成员名册须知

1. 单位成员主体资格：符合《农民专业合作社登记管理条例》第十三条规定条件的企业、事业单位或者社会团体，可以成为农民专业合作社的成员。企业、事业单位或者社会团体的分支机构不得作为农民专业合作社的成员。农业植保站、农业技术推广站、畜牧检疫站以及卫生防疫站、水文检测站等具有管理公共事务职能的单位不得成为农民专业合作社成员。

2. 证件名称及号码：成员为自然人的，填写“居民身份证”及其号码；成员为单位的，填写主体资格证书及其号码。

3. 住所：农民专业合作社成员是自然人的住所为现住所，是企业、事业单位或社会团体成员的为登记证书上载明的住所。

4. 成员类型：分为农民成员、非农民成员和单位成员（企业、事业单位或社会团体）三类。

5. 成员身份证明复印件：农民成员应当提交农业人口户口簿复印件，因地方户籍制度改革等原因不能提交农业人口户口簿复印件的，可以提交居民身份证复印件，以及土地承包经营权证复印件或者村民委员会出具的身份证明。非农民成员应当提交居民身份证复印件。企业、事业单位或者社会团体成员应当提交其登记机关颁发的企业营业执照或者登记证书复印件。成员身份证明复印件粘贴处粘贴不下的，可另备页面粘贴。

6. 农民专业合作社成员名册写不下的，可另备页面载明。

7. 证件复印件应当注明“与原件一致”并由本人签名或者单位盖章。

8. 提交文件、证件复印件应当使用A4纸。

9. 应当使用钢笔、毛笔或签字笔工整地填写表格或签名。

农民专业合作社成员身份证明复印件

成员身份证明复印件粘贴处

填写农民专业合作社设立登记申请书须知

1. 申请设立农民专业合作社应当依照《农民专业合作社登记管理条例》第十一条的规定向其住所所在地登记机关提交有关文件（详见申请书内《农民专业合作社设立登记提交文件目录》）。

2. 农民专业合作社名称依次由行政区划、字号、行业、组织形式组成。名称中的行政区划是指农民专业合作社住所所在地的县级以上（包括市辖区）行政区划名称。名称中的字号应当由2个以上的汉字组成，可以使用农民专业合作社成员的姓名作字号，不得使用县级以上行政区划名称作字号。名称中的行业用语应当反映农民专业合作社的业务范围或者经营特点。名称中的组织形式应当标明“专业合作社”字样。

3. 住所使用证明:农民专业合作社以成员自有场所作为住所的,应当提交该社有权使用的证明和场所的产权证明;租用他人场所的,应当提交经区、县级市房地产租赁管理所备案的房屋租赁合同;因场所在农村没有房管部门颁发的产权证明的,可提交场所所在地村委会出具的证明。填写住所应当标明住所所在县(市、区)、乡(镇)及村、街道的门牌号码。

4. 农民专业合作社申请登记的业务范围中有法律、行政法规和国务院决定规定必须在登记前报经批准的项目,应当提交有关的许可证书或者批准文件复印件。

5. 农民专业合作社设立时自愿成为该社成员的人为设立人。

6. 提交文件、证件复印件应当使用 A4 纸。

7. 应当使用钢笔、毛笔或签字笔工整地填写表格或签名。

8. 以上需设立人或出资成员签署的,设立人或出资成员为自然人的由本人签名;自然人以外的设立人加盖公章。

模拟实训

我们将在学员学习了各章的知识要点与方法运用后,用“小华创办合作社的故事”案例为背景,系统地学习与掌握合作社建设与管理的知识和技能。

1. 模拟实训规则

(1)将学员分为 5～6 人一组的若干小组,各小组指定(或推荐)一名学员为负责人来组织训练活动,下一次活动时更换人员,力求人人都能得到训练。每个小组为一个相对独立的班组,根据训练背景内容的不同,每人扮演不同的角色。

(2)训练内容与范围:各类合作社的管理者在一天中,可能遇到的各种与背景案例及本章内容相关的问题。

(3)小组活动的总时间定为 4 小时(其中 1～2 小时为小组开展活动的准备时间,不在训练方案时间表中体现),由小组负责人与成员一起按照模拟实训训练标准流程讨论、制定训练方案时间表。训练方案时间表要求格式化，允许有10%的调整弹性。

(4)训练标准流程：①训练规则说明；②分组及任务分解说明；③上任与面对问题（本章中的案例及可能遇到的各个问题）；④分析与讨论会议；⑤制定解决方案；⑥方案要点讲解与小组讨论点评；⑦讲师点评。

(5)考核：①从各小组中各抽出一人组成考核组；②考核对象：每个小组、每个人（特别是小组负责人）；③考核内容：流程考核（小组是否按照训练流程进行训练），时间考核（小组是否按照训练时间表进行训练），角色考核（每人角色扮演的形式与实质技能考核），团队与效果考核（小组整体表现）；④考核形式：考核组集体打分；⑤考核标准：形式性考核占40%（包括流程、时间、角色、需要的书面解决方案等），实质性考核占60%（包括小组及个人的实际表现、内容掌握深度、目标实现度等）。

(6)保留各项记录。

2. 模拟实训的背景案例及场景

案例【2-3】

小华创办合作社的故事(二)

小华在成立合作社之前，虚心向成功者学习，有幸认识了昌吉××养殖合作社的理事长马总。马总很喜欢小华这位好学的年轻人，他把自己在合作社设立、运行中的一些经验与做法告诉了小华，以期对小华有所帮助。马总说，在登记设立阶段做好基础工作，是合作社规范运行的前提。在合作社创办设立的初始阶段，依据《中华人民共和国农民专业合作社法》(2017 修订)(以下简称《农民专业合作社法》)和相关政策规定,充分尊重民意,由农民自发联合、自主管理,才能真正体现“民办、民管、民受益”的办社方针。为此,在合作社登记设立阶段,应着重抓好三个建设:

(一)组织机构建设

《农民专业合作社法》对合作社组织机构的成立、职权、职责以及成员等均做了明确的界定,成员(代表)大会是合作社的最高权力机构,理事会是执行机构,监事会是监督机构。在组织机构建设上,要突出做好以下四项工作:

1. 组建一个人才结构过硬的理事会

在合作社成立后,除了涉及合作社经营管理的重大事项的决策,由成员(代表)大会讨论通过外,一般性的日常工作主要靠理事会决议并实施,所以,理事会班子在合作社运行过程中的作用是非常关键的。合作社设立大会一般都要选举产生理事会和监事会,所以在民主选举理事会组成人员时要兼顾多方面人才,要把社员中的“能人”选进理事会,特别是生产技术人才、营销人才、经营策划人才等。

2. 选配一名高素质的理事长

理事长是合作社的领军人物,也是核心人物,担任理事长不仅要有高度的责任心和无私的奉献精神,还要在合作社中具有较强的凝聚力和号召力,更要有出色的组织协调能力和口语表达能力。所以在选举理事长时要充分了解理事长人选的品德、能力和水平,只有当家人选好了,才会使合作社健康发展。

3. 选聘一名业务精的财会人员

合作社是一个经济组织,离不开财务核算。所以农民专业合作社必须聘请具有专业资格的财会人员。在合作社创办的起步阶段,如果没有合适的专业财会人员，可聘请当地村级组织的报账员担任，也可以委托财务公司代理做账。

4. 合理设置内部机构

在内部机构设置上，要根据每个合作社的实际需要合理设置。对于一些较大型的合作社，可设置办公室、财务室、技术（供应）服务部、市场营销部等机构。

（二）规章制度建设

规章制度是农民专业合作社规范运行和持续发展的基本保障，也是合作社在设立登记之前必须要做的一项工作。从目前的情况看，不少合作社的章程是套用工商登记的章程范本，或者是其他合作社的章程范本，有的基本制度不够健全，各项权责不够分明。所以，在规章制度建设上，要重点把握好两个方面：

（1）制定一部符合该社实际需要的、可操作性强的章程。章程可以说是合作社的内部“法律”，所以制定好章程是非常必要的。章程的制定可参照农业农村部的示范章程，但不可原文照抄，要对章程的关键部分，诸如成员出资、机构设置、财务管理、盈余分配、解散清算等做出明确的规定，章程必须经过充分酝酿、反复修改、讨论认可，最后由全体设立人在设立大会时表决通过，签字盖章后正式生效。

（2）制定一套基本制度。如财务管理制度，理事会、理事长、监事会、监事长工作职责，还有购销制度、生产技术操作规程、产品质量标准等。

（三）办公场所建设

办公场所是合作社的所在地，也是理事会、监事会处理日常事务和成员聚会、培训的聚集地，是合作社初期发展的硬件之一。合作社最好设在成员居住集中或者生产集中的地方，有条件的最好自己建设，没有条件的可租用交通便利的门市房，还可以争取村干部的支持，把合作社办公地点设在村部。在办公场所的建设上，既不要讲排场搞豪华，也不能太过简陋。理事长办公室、财务室、业务室是必备的，办公场所还应做到“两有、两栏、两上墙”。“两有”是：有牌子、有办公用具；“两栏”是社务公开栏、财务公开栏；“两上墙”是章程张贴上墙，制度张贴上墙。

做好以上工作，合作社就可以委托办事能力强的人员（多数是理事长）去办理合作社登记事宜了。先到工商部门申请注册登记，取得营业执照后刻制公章和法人代表名章，在一个月内办理组织机构代码证书和税务登记证书，选择一家银行开立银行账户，最后到乡（镇）政府和县级农业部门进行备案。这样一个农民专业合作社的手续就办妥了。①小华从马总那学到了什么？②合作社组织机构建设主要抓哪几项工作？③帮小华梳理一个合作社制度清单。④按照“两有、两栏、两上墙”的要求，帮小华设计合作社的办公场所。⑤按照合作社创建的程序，帮小华整理出所需文件。

3. 模拟实训运行

按照训练的标准流程运行，各个项目内容必需的时间由各小组具体设定。

（1）训练规则说明（建议时间 10～15 分钟）

主要是让学生明白为何要训练，训练什么，训练目标是什么，训练规则是什么，如何进行训练，如何进行考核，谁负责训练，多长时间完成等训练必需的内容。

（2）分组及任务分解说明（建议时间 10～15 分钟）

按照训练规则与班级人数分组，角色扮演，经过准备后进行。

（3）上任与面对问题（背景案例及可能遇到的各种问题）（建议时间 15～20 分钟）

①背景案例【2-3】中小华从马总那学到了什么？帮小华制定一个成立合作社的提纲。

②请帮小华制定一份合作社组织机构建设主要任务清单。

③帮小华梳理一个合作社制度清单,试着编制相关制度。

④按照“两有、两栏、两上墙”的要求,帮小华设计合作社的办公场所。

⑤按照规范的合作社章程要求,帮小华的合作社编制一份合作社章程。

⑥按照合作社创建的程序,帮小华整理出创建合作社所需的文件。

⑦帮小华整理一下学习本章的收获。

(4)分析、讨论会议与解决方案(建议时间80～100分钟)

对以上遇到的问题召集小组会议,逐项进行分析、讨论,制定出方案并书写完善。

(5)讨论、点评与修改完善(建议时间20～30分钟)

通过小组讨论点评与总结及讲师点评找到不足之处在哪,如何改进等,修订完善方案。

(6)对各个小组考核评价(建议时间20～30分钟)

考核组审核各个小组上交的材料,结合考核组对其实际记录及表现进行评价。各个小组需上交给考核组的材料主要有:训练议程安排;分组分工及角色扮演名单;所面临的问题清单;每个问题的解决方案;会议记录;各角色与小组训练活动总结报告;等等。考核组对每个小组及个人的实际表现、内容掌握深度、目标实现度等做记录。

案例分享与思考

案例【2-4】

新疆吉木萨尔县北庭土豆粉制品加工农民专业合作社

吉木萨尔县北庭土豆粉制品加工农民专业合作社成立于2008年8月。吉木萨尔县地处山区逆温带的山间盆地，有三个乡镇，山区耕地面积17.02万亩，年降水量400毫米以上，具有独特的气候和光热资源，适合多种经济作物的生长，特别是久负盛名的“天山白芋”和土豆粉条享誉全疆各地。

一、合作社的基本情况

针对本县实际，县委、县政府着力推行资源转移战略，组织发动农民种植高淀粉马铃薯，涉农部门从品种、种植方面提供全方位服务，积极宣传贯彻无公害标准化生产，并制定了《无公害生产公约》等一系列管理措施，为农民解决了卖出难的问题，也使农村农产品深加工得到了发展。

吉木萨尔县北庭土豆粉制品加工专业合作社就是在这种情况下，从自发地从小规模合作，发展成为如今的土豆粉制品加工合作社。截至目前,合作社有固定资产196万元,入社社员115人,带动了全县近千户农民种植高淀粉马铃薯,合作社已注册了由理事长名字命名的“丁彦成”商标。合作社2010年5月荣获区级示范社称号。丁彦成本人2010年荣获吉木萨尔县大有乡人民政府“年度先进个人”称号,2011年1月荣获自治州统筹城乡就业培训工作领导小组“创业之星”称号。2011年2月人民日报刊登“绿色粉条拿金奖”。2011年8月24日,丁彦成当选为中国人民政治协商会议吉木萨尔县第十一届委员会常委,2011年荣获吉木萨尔县大有乡人民政府“年度先进个人称号”,2012年2月丁彦成当选为自治区“奋斗改变命运”先进典型并受到自治区领导张春贤的接见。2012年2月28日天山网专题报道:丁彦成主打绿色天然牌、成就“粉条大王”之梦。2012年2月25日亚心网报道:新疆吉木萨尔县农民丁彦成:带着北庭农民奔致富路。2012年3月2日新疆法制报报道:“丁粉条”的致富路。2012年5月合作社荣获昌吉州供销合作社联合社“示范专业合作社”称号。

二、合作社的组织、运行情况

在合作社创办初期,制定了合作社《章程》,采取入社自愿,退社自由的原则,确定了社员(代表)大会为合作社的最高权力机构,理事会为日常执行机关,实行理事会领导下的总经理负责制。根据业务需要,分设了营销、财务、加工、基地、市场、农技服务等专业管理组织,各部门各司其职、相互配合。随着经营规模的扩大和形势的发展,对章程进行了多次修订和完善。重点在股份设置上增添了新的内容,根据各社员的能力状况分为三个层次设置:一是核心社员,在社内占有较大股份;二是紧密型社员,主要是经济实力较强,经营能力较强(包括种植、加工和营销)的社员,每人入股2 000元;三是联系型社员,每人上交社员费20元。在利益分配上,对不同层次的成员实行不同政策，其中：第一、第二层次社员的入股股金承担经营风险，同时年终参加分红。第三层次社员不承担风险，年终按交售土豆交易额享受二次返利。

几年来，合作社积极探索科学管理办法，创新运行机制，坚持“民办、民管、民受益”的原则。合作社逐步加强民主管理、民主决策：一是民主的选举制度，实行一人一票制，合作社理事会、监事会成员都由社员民主选举产生；二是民主决策，每年召开一次全体社员大会，并不定期召开社员代表大会，民主讨论和决策重大问题，每个社员能充分发表各自的意见和建议；三是提高财务管理的民主程度，制定了符合该社实际、操作性强的《财务管理制度》，规范了财务行为，并定期实行财务公开，接受社员的监督，每年主动请有关部门进行年度审计；四是修订完善了各项管理制度，使各项工作都能有章可循。理事会对重大问题实行民主决策，对土豆种植、收购、加工、销售，实行统一管理，监事会对运行全过程进行监督。

三、合作社的经营和服务活动

合作社在联结生产与市场、提高农民组织化程度、推动农业产业化经营、提高效益农业发展水平、增加农民收入等方面发挥了重要作用。主要体现在以下四个方面：

1. 建立基地

为了提高土豆产品质量和产业效益，增强市场竞争力，合作社在南部山区建成万亩土豆无公害生产基地，制定了无公害土豆生产操作规程和产品质量标准。基地采取“基地＋农户”的经营模式（即由农户种植，合作社统一供种，统一提供技术培训，统一收购产品、加工、销售）。为了确保基地真正达到无公害农产品的要求，合作社与每位基地种植户签订无公害生产责任书，基地农户按无公害生产规程进行操作。针对土豆无公害生产的各生产环节开展技术培训，通过集中上课、田头辅导、发放资料、放映碟片等形式开展技术培训活动，先后培训3 000多人次。通过无公害基地建设，经济效益、社会效益明显，基地农户户均增收4 000元以上，并提高了本县土豆的市场影响力和产品竞争力。

2. 组建农资经营部

合作社开设了无公害农资直供门市部，销售无公害化肥、农药，并保本供应给社员。帮助困难社员解决生产资金困难，由困难户提出申请，经合作社审核，实行农资限额赊销，2011年累计赊销农资38.8万元。依托农资经营部门对无公害生产基地实行统一供种、统一供应农药、肥料，并与县农科站土肥、植保部门联系，配置农产品专用肥料和农药，为社员提供安全、平价的农资商品，促使基地的土豆通过了州级无公害农产品认证。

3. 开展农产品深加工

合作社为解决土豆上市的产销矛盾，稳定销售价格，维护种植户生产积极性，对土豆进行深加工，把土豆变成粉条。先后投入资金100万元，改扩建厂房面积500平方米，新购进大型烘干机一台，粉条包装设备一套，粉条机一台。同时，申报注册了“天山北坡”商标，设计了包装盒，对烘干产品实行盒装销售。通过对土豆实施多种加工，提高产品的质量档次、延伸产业链、增加产品附加值、提高市场竞争力，从而进一步促进农业产业结构调整，解决了200多个农村劳动力的就业，切实提高了农民收入。

4. 实行二次返利

合作社与社员按市场价或保护价进行产品交易结算，盈余实行二次返利。合作社专门印制了产品交售卡，对社员每次交易的数量进行详细登记，年终统一结算，专门安排20%可分配盈余用于社员的二次返利。近三年来,每年两次返利均达10万元左右。

四、基本经验

(1)合作社的发展经历了三个阶段,自给自足(尝试)阶段—小规模生产阶段—扩大规模生产阶段,经历了较长的探索求真和市场竞争考验的过程,这个合作社之所以得到了发展,最主要的原因是入社户能在产品深加工后,得到利润分红,因此,这个合作社才有凝聚力和向心力。

(2)深化了“统分”内涵,合作社通过实行“一定五统一”既保证了深加工的货源,解决了土豆储藏的问题,又使入社农户种植的土豆增加了附加值,推动了种植结构的快速调整。

(3)合作社已初具规模,初步形成了“农户+合作社+基地+市场”的模式,增强了组织化程度,提高了抵御市场竞争风险的能力。

五、存在问题

(1)生产经营项目单一,没有深层的联结机制,致使农产品后续产业链短,农户获得农产品经过深加工后利润的二次分配较少。

(2)合作社的规模仍较小,经济基础仍较薄弱。

六、今后发展思路

(1)为了进一步扩大生产规模,计划扩建厂房建筑面积500平方米,新购进烘干机一台,粉条机一台。三年内实现年加工土豆粉制品600吨,产值达到2 000万元。

(2)吸纳更多农户入社,以土地入股面积达到10万亩。

(3)建立标准化生产机制,树立品种意识,大力发展无公害产品。

(4)联合养殖合作社，利用粉渣进行牛、羊、猪育肥。

合作社属于创业时期，刚刚新建厂房，未来将把合作社的事业做大做强，为人民种上“放心土豆”，让人民吃上“放心土豆粉”，真正为建设社会主义新农村贡献自己的力量。

分享与思考：根据以上合作社案例，总结出“三优一缺”，即写出此合作社三个以上值得你学习的优点，同时思考此合作社还有一个以上需要改进的地方。

案例【2-5】

新疆和田市亚力昆畜牧养殖合作社

新疆和田市亚力昆畜牧养殖合作社成立于2014年7月，注册成员10人，非注册成员18人。合作社注册资金总额150万元，目前资金达到611万元，固定资产评估价900万元。合作社家畜养殖占地面积25亩；年出栏育肥羊36 000只，牛5 200头，家禽饲养鸡舍面积9 500平方米，现饲养蛋鸡2.2万只；蔬菜耕种面积220亩。蔬菜等农作物生产总量8.4万吨/年。

合作社开展“农社对接”工作。合作社成立以来，在党和政府的亲切关怀以及各级主管部门的大力支持和帮助下，不断扩大经营规模，从原来单一的畜牧养殖、销售升级为畜牧、家禽养殖、销售、配送，蔬菜种植、蔬菜配送的综合型专业合作社。合作社凭借产品质量优势、产品流通优势及较高的信誉度，从2015年开始向和田市2所高级中学、7所中学、7所中心小学、85所农村幼儿园每个月提供50吨羊肉、20吨牛肉、32吨鸡肉、154吨各种蔬菜、2.7吨鸡蛋、20吨水果，为认真贯彻落实党和政府贫困地区中小学生营养计划做出了积极贡献。2016 年 1 月到 2017 年 1 月，合作社的总资金达到 900 万元，净利润比前年明显增加。2018 年的净利润 100 万元，比去年增加了 9%，群众的人均收入也比 2017 年增加了 9%，保障了和田市 100 户家庭的经济生活。2019 年，实现了扶贫互助合作社建设，该合作社承担托养 204 户贫困户的 1 901 只羊。每户托养的羊的数量不一样，年底分红也不一样，分红金额以签订的合同为准，户均可实现增收 1 500 元左右。贫困户通过合作社获得的年收入为 28.5 万元，贫困户收入比上年增加 10%，成员分红利润 24 万元。

分享与思考：根据以上合作社案例，总结出“三优一缺”，即写出此合作社三个以上值得你学习的优点，同时思考此合作社还有一个以上需要改进的地方。

案例【2-6】

新疆昌吉市盛华鹿业专业合作社

一、基本情况

新疆昌吉市盛华鹿业专业合作社成立于 2008 年 5 月，主要从事马鹿驯养繁殖及其产品开发与经营利用业务。合作社采取龙头企业＋合作社＋农户的模式，以马鹿养殖、产品加工销售及技术服务为主，与成员建立稳定的供需关系，是首批新疆维吾尔自治区农民专业合作社示范社。2021 年，合作社企业成员——昌吉市盛华鹿业公司被自治区畜牧兽医局认定为自治区级伊河马鹿保种场，并同时增补为自治区（马、驴、驼）产业技术体系成员单位。盛华鹿业公司是中国畜牧业协会理事，中国鹿业分会副会长单位，国家特种经济动物科技创新联盟成员，昌吉州农业产业化龙头企业，全国野生动物保护与经营利用标准化技术委员会委员，中国鹿产业标准化技术专家委员会委员。该养殖场2008年成立之初只有10户社员，目前已发展成员53户。除了供给新疆天山马鹿优质种源以外，还向黑龙江、吉林、山西、陕西、宁夏等地提供优良马鹿种源。合作社马鹿养殖基地占地88亩，建成鹿圈舍12 000平方米标准化健康养殖示范基地，基地存栏马鹿500头。目前，已建成马鹿屠宰加工生产线、鹿产品加工车间，产品购物中心，开发出了鹿茸、鹿胶囊、鹿肉等系列产品50余种，并注册商标"吉美健"，产品远销全国各地。开发的"吉美健"牌马鹿系列产品被自治区旅游局选为"新疆礼物—新疆之珍"特色旅游产品。2007年在第二届新疆农产品(上海)展销会上被授予"最畅销产品奖"，2011年在第二届新疆农产品北京交易会上获"产品金奖"。2016年合作社销售收入503万元，取得了良好的经济效益。2016年，经国家科技部、中国农科院审核批准，盛华鹿业专业合作社马鹿养殖基地被命名为全国唯一的"中国阿尔泰马鹿、天山马鹿核心保种场"。2019年承办了"马鹿资源保护与利用研讨会"，2021年承办了"新疆马鹿产业研讨会"。该合作社大力发展特色养殖业不仅为乡村振兴增添了新动能，也带"火"了旅游产业，节假日前来参观的游客络绎不绝。据了解，该合作社繁育基地年均接待游客达2万人次。

二、问题与建议

马鹿在新疆已有200多年的养殖历史。20世纪90年代，存栏马鹿达10万头，饲养量约占全国80%。在亚洲金融危机之前，马鹿鹿茸一度占据韩国75%的鹿茸市场，为提高农牧民收入发挥了积极的促进作用。但是，我们对马鹿资源的重视及开发利用远远不够。主要表现在马鹿优异基因资源缺乏系统挖掘及创新利用，饲养管理方式原始、粗放，产业扶持政策少，涉鹿科学技术人员缺乏，精深加工创新能力差，受国外产品排斥、挤压无所应对等，致使新疆马鹿产业长期处于供应链底端，养殖规模萎缩，优势资源始终没能形成优势产业。新疆马鹿资源丰富，不仅具有产茸量高、鹿茸品质好、种用性能优的特点，还耐受极端干燥、严寒、粗饲等抗逆特性。做大做强马鹿产业，对满足日益快速增长的国内鹿产品市场需求，带动新疆各族人民群众增收致富，巩固脱贫成果以及乡村振兴有着重要的战略意义。

分享与思考：根据以上合作社案例，总结出“三优一缺”，即写出此合作社三个以上值得你学习的优点，同时思考此合作社还有一个以上需要改进的地方。

第三章

管理农民专业合作社

案例【3-1】

福建永春县湖洋合兴鹌鹑专业合作社

该合作社前身为“永春县鹌鹑饲养和管理技术协会”，创建于2003年3月，于2007年9月9日工商注册登记为“永春县湖洋合兴鹌鹑专业合作社”。合作社现有会员28人，成员135人。2009年，淘汰母鹌鹑30万羽，生产蛋680吨，产值750万元，实现利润160万元，提取公积金5万元，风险金4.5万元。现有存栏35万羽，每天可生产蛋1 850千克左右。合作社被列入农业部2009年农民专业合作组织示范单位，合作社的主要做法和取得的成效有以下几个方面：

一、生产方面

合作社在生产方面以“六统一分”为运行机制，即统一调种、统一孵化、统一饲料、统一防疫、统一运输、统一销售、分散饲养。

二、管理方面

1. 运转方式

在内部管理上，实行社员代表大会、理事会和监事会“三会”制度。合作社下设5个小组，即办公室（包括财务室）、孵化组、销售组（包括运输组）、生产组（下设若干个生产场）、饲料组。各组业务独立，财务统一核算。各组生产、销售指标每月由办公室下达，工资每月结算付清。

2. 三项制度

一是会费及股金制度。凡要加入合作社的社员，需交纳股金，参加本合作社的股金分红，同时承担亏损风险。二是定期会议制度。定期召开理事会议，总结经验，部署任务，解决存在问题。三是培训交流制度。不断改善、提升社员素质与水平。

三、主要成效

合作社经过几年的努力，坚持抱团发展，初步形成了集约化、规模化、标准化、专业化、生态化生产的现代养殖产业模式。通过“四抓”见成效。

(1)抓规模，拓市场；

(2)抓服务，促规范；

(3)抓科技，提质量；

(4)抓管理，增效益。

四、主要体会

合作社坚持“自愿、合作、集约、共赢”经营理念，使全体社员共享技术、共拓市场、共创品牌、共得实惠。

1. 当好组织者

合作社通过专业分工,形成规模,真正成为风险共担、利益均沾的统一体,体现了民有、民营、民管、民享的特色。合作社通过有效服务,得到广大社员的信任,做到真诚合作,互惠互利,生产发展,社员增收。

2. 当好引导者

合作社为了更好地服务社员,做到了四个落实:一是品种落实,二是防疫落实,三是销售落实,四是清洁落实。

3. 当好服务者

合作社始终坚持"靠服务赢得信誉,靠信誉赢得支持,靠支持赢得发展,靠发展强化服务"的原则,在引导社员生产、管理、技术培训、产品销售等方面,充分发挥合作社的服务功能,实实在在地为社员服务。

4. 当好调控者

合作社成立后,通过对饲料、品种、生产、销售等一体化经营,使鹌鹑饲养过程中所需要的资金、人才、技术、劳力等生产要素得到优化配置,发挥最大效益。

请大家分析:①合作社成立后如何管理与运营?从这个案例中你学到了什么?②此合作社在生产管理方面的"六统一分"指什么?为什么要"六统一分"?③合作社的"三会"制度是什么?为什么要建立"三会"制度?④怎样理解合作社的"四抓"见成效?⑤合作社是怎样服务社员的?

本章将学习农民专业合作社内部管理、业务运营等知识要点,通过案例实训的方式,帮助大家逐步提升合作社的管理水平。

第一节 农民专业合作社内部管理

一、农民专业合作社内部管理的共性要求

农民专业合作组织是以农民为主体，自我管理、自我发展、自我服务的组织。“民办、民管、民受益”是其内部管理基本原则，不论其具体形式是专业合作社还是专业协会，在内部管理上，都要做到以下八方面。

(1)在资质上：经区县农业主管部门批准或民政、工商管理部门登记注册；有公章、有牌子，有管理部门的批准成立文件。

(2)在办公场所上：办公用房固定、环境整洁，登记证书、章程、制度等要上墙；要有能满足需要的办公设施。

(3)在机构建设上：要经民主选举产生理事会(董事会)、监事会、理事长(董事长)、监事长；设置工作职能部门。

(4)在组织章程上：要体现“民办、民管、民受益”原则；明确产权关系和利益分配机制；章程必须经成员大会或成员代表大会表决通过。

(5)在制度建设上：要制定四项最基本的制度：成员(代表)大会制度、民主管理制度、财务管理制度、部门责任制度。合作社还要制定利润返还制度。各项制度要经理事会酝酿议定，成员大会或成员代表大会讨论决定。由成员代表大会讨论决定的各项事项要通过适当形式告知全体成员。

(6)在财务管理上：要设置财会人员，单独建账，单独开设银行账户。妥善保管财务资料。

(7)在成员管理上：凡是合作组织的社(会)员，都要发放社(会)

员证，证书内容要规范，能体现社员或会员身份。组织要建立社员或会员管理台账，与社（会）员证配套使用。

（8）在档案管理上：要设立专门的档案柜，按年度把各项资料，如各项登记注册文件、理事会和监事会的年度报告、各种表决记录、各项活动记录等订卷妥善保管。

二、组织管理

合作组织按照合作社法规范制定合作社章程，依据合作社章程主要应设立：成员（代表）大会、理事会、监事会，建立健全内部管理制度。理事长、理事、执行监事或监事会成员，由成员大会从该社成员中选举产生，依照《中华人民共和国农民专业合作社法》（2017 修订）和该社章程的规定行使职权，对成员大会负责。

1. 社员（代表）大会

是合作社的最高权力机构。社员（代表）大会由全社社员（代表）组成。社员代表由社员选举产生，代表任期 3～5 年，可连选连任。

社员（代表）大会的职权：

（1）审议、修改章程；

（2）选举或罢免理事会、监事会（监事）成员；

（3）决定增减注册资金和股金转让；

（4）决定合并、分立、终止、清算；

（5）审议理事会、监事会（监事）工作报告和财务报告；

（6）决定生产经营方针和投资计划；

（7）决定社员认购股金总额、每股金额、单个社员认购股金最高份额和从事生产的社员认购股金的最低份额；

（8）决定重大财产处置；

（9）决定盈余分配和弥补亏损方案；

(10)需要社员(代表)大会审议决定的其他重大事项。

2. 理事会

是合作社的执行机构,负责日常工作,对社员(代表)大会负责。

理事会的职权:

(1)组织召开社员(代表)大会,执行社员(代表)大会决议;

(2)向社员(代表)大会提交需讨论审议的章程、制度、工作计划等有关事项;

(3)讨论决定内部业务机构的设置及其负责人的任免;

(4)讨论决定入社、退社、除名和继承;

(5)讨论决定对社员与职员的工资、奖励和处分;

(6)根据该社发展需要为社员提供各项服务;

(7)聘用或解雇该社职员;

(8)管理该社的资产和财务;

(9)履行章程和社员(代表)大会授予的其他职责。

理事长的职权:

(1)理事长是合作社的法定代表人,主持合作社的日常工作,负责召开理事会议;

(2)根据社员(代表)大会和理事会的决定,组织实施年度生产经营计划和生产、经营、服务活动;

(3)组织拟订该社内部业务机构和各项制度;

(4)代表该社对外签订合同、协议和契约;

(5)提请聘请或者解聘该社财务人员和其他管理人员;

(6)组织落实该社的各项任务;

(7)履行社员章程和理事会授予的其他职责。

3. 监事会

监事会是该社的监察机构,代表全体社员监督和检查理事会的工作，对社员（代表）大会负责。

监事会（监事）的职权：

（1）监督理事会对社员（代表）大会决议和该社章程的执行情况；

（2）监督检查该社的生产经营业务和财务收支及盈余分配情况；

（3）监督社员履行义务情况；

（4）向社员（代表）大会提出工作报告；

（5）派代表列席理事会议，向理事会提出工作建议；

（6）提议临时召开社员（代表）大会；

（7）履行社员（代表）大会授予的其他职责。

4. 合作组织内部管理制度

合作组织应建立健全会计核算、财务管理、民主议事决策、年度决算盈余返还、成员管理、岗位目标考核、档案管理以及购销管理办法等各项规章制度。

（1）成员管理办法；

（2）民主议事决策制度；

（3）目标考核制度；

（4）成员定期培训制度；

（5）风险保障制度；

（6）社（会）务公开制度；

（7）财会制度；

（8）年度决算盈余返还制度；

（9）股金筹集制度；

（10）购销管理办法；

（11）科技推广制度；

（12）档案管理制度。

案例【3-2】

九段理事长

一段理事长：找市场，齐心协力找市场，放宽视野找商机。在创业之初，合作社都是生存为先，虽然可能地处偏僻，但是理事长对市场的需求天生敏感或自己非常优秀，或白手起家，孤身创业；或反应快，眼光准，积累了商场上的资源。这一时期的理事长，只是跟随自己的感觉，产品的价格无法控制，经营风险大，市场不好时，有可能赔得一塌糊涂。

二段理事长：打样板，说尽千言万语，不如打造榜样。任何一个组织，在发展的过程中都是资源相对不足的，这个时期理事长都是集中优势资源打造榜样。然后进一步总结榜样、宣传榜样、推广榜样，进而发展社员。

三段理事长：搭框架，读法律、懂政策、定章程、找人才。理事长光凭一腔热情是不够的，必须要跟着国家的政策走，必须要符合国家的法律法规。建立合作社自己的制度，通过制度的制定团结和发现团队。理事长需要考虑合作社的核心价值观及规章制度是否符合合作社的设立目标，是否设定了吸引人才的机制。

四段理事长：定战略，挖掘地域优势，统一社员思想。战略就是告诉全体社员，我们如何获得利润，我们要把资源投向何处。把市场的需求与当地的优势相结合，以客户价值为核心，适当建立竞争门槛。资源就是合作社的人、财、物。任何寄希望于依靠市场机会、政府支持、强大资金或高新技术之类，与客户价值无关、与团队整体执行无关的东西，都不是战略性的，即使成功，也不是战略性的成功，它比一般的失败更危险。

五段理事长:定规矩,总结经验到笔头,生产销售全统一。这一时期的理事长需要知道完善的机制是合作社做大做强的必经之路,他敢于使用机制约束社员。铁打的营盘,流水的兵,法治永远会高于人治,合作社的竞争力,合作社产品的质量,都在于制度化的程度。需要注意的是做了制度,如果没有执行制度的人,同时没有一套能够执行制度的制度,制度就成了摆设,有制度也执行不下去。

六段理事长:管好钱,要钱先有一套账,盈余分配要公开。钱多不一定是好事情,多少团队在利益面前分崩离析。赚钱保发展,分钱保稳定。没有绝对的公平,只有绝对的公开。应该依法分配、短期长期利益兼顾。

七段理事长:整合资源,走出去,赚出来,把资源收回来。科技资源、政府资源、专家资源、资金资源、渠道资源、产品资源、媒体资源、品牌资源……在优秀理事长眼中都是有用的资源,通过互换、采购的方式获取资源,实现共赢。

八段理事长:创建品牌,质量是基础,差异是方向。这一时期的理事长需要知道品牌是未来商业社会的灵魂,他通过调动合作社的人、财、物、机制共同赋予产品灵魂。产品的灵魂又通过品质、口碑、包装、服务来打动客户。品牌不等于牌子,品牌需要调动合作社所有的资源来呈现,是合作社对于市场、产品、团队、创意等方面协同作战的体现。

九段理事长:回归本源,服务社员莫忘本,共同致富攀高峰。这个境界的理事长一定是政府眼中的红人,社员眼中的领导人;事实证明了他是这个市场中的强者。这时面对决策还需要听取社员意见吗?面对利益还能保持清醒吗?面对机遇还能保持冷静吗?这时需要牢牢记住“合作”二字,只有民主、团结、平等、合作的团队才有可能基业长青；要用机制优胜劣汰，队伍在进化中更加强大；要有重上井岗山的决心，才会有真正的执行团队。

总结起来如下：

初创期的合作社理事长主要是找市场，打样板，搭框架；

发展期的合作社理事长需要定战略，定规矩，管好钱；

成熟期的理事长则需要整合资源，创建品牌，回归本源。

三、财务管理

合作社应当按照国务院财政部门制定的财务会计制度进行核算。

1. 管理机构

合作社的理事会负责合作社财务管理的全面工作。监事会负责合作社的财务监督和内部审计工作。会计负责建立总账和明细分类账，做好财务收支、成本费用核算、会计报表编制和会计档案管理工作。出纳负责建立现金日记账、银行存款日记账以及合作社资金收支、账款划转和支取。

2. 管理内容

合作社财务管理包括流动资产、农业资产、对外投资、固定资产和无形资产等管理。合作社资金管理包括成员出资、每个会计年度从盈余中提取的公积金和公益金、未分配盈余、国家扶持补助资金、他人捐赠款和其他资金。任何单位和个人不得侵占、挪用、截留、私分或者以其他方式侵犯农民专业合作社及其成员的合法财产。

3. 资产管理

合作社的资产实行内部牵制制度管理和台账登记责任管理。

(1)在资产的购置、验收、保管、使用、处置等环节上，实行“五分开”。即：购置计划与审批、审批与采购、采购与验收保管、保管与使用审批、处置与审批相互分开，相互牵制、相互监督。

(2)建立资产台账登记责任制度，确定专门理事对资产的购置、验收和保管、使用进行登记，建立台账，落实责任。凡造成资产损失或者浪费，又不能补救的，其直接和间接损失由责任人赔偿。财务科(部、办)要根据该社实际，分门别类地确定易耗品使用期限和周期以及固定资产的折旧年限和比例，以实事求是的原则确定资产折旧。财务科(部、办)要定期对实物资产进行账账、账证、账实清查，向理事会呈报实物资产清查报告，提出实物资产管理问题解决方案。加强对该社商标、土地使用权、非专利技术、商业信誉等无形资产的管理，防止无形资产流失。

4. 账款管理

合作社现金、各种存款、账目、支票和印鉴要按规定妥善管理。支票和印鉴不得由同一人保管，账目保管要安全完整，不得缺失。凡因保管现金、存款和账目造成损失的由当事人负责赔偿。该社银行账号、账户不得出租、出借或转让，不得将公款外借，禁止以合作社名义为其他单位和个人提供担保。合作社应收及暂付款项应当由当事人负责及时清理结算，不得长期挂账；在规定时间内未收回的应收及暂付款项，要查明原因，分清责任，由当事人负责赔偿。

5. 财务审批

合作社财务支出由理事长负责审批。财务管理坚持“增收节支、勤俭节约”的原则，各项支出必须用于合作社的生产、经营、服务活动以及日常管理等相关事项。在____元以内费用开支，由理事长直接审批；在____元以上费用开支，经理事会集体审核后，由理事长审批；在____元以上的开支和投资(或者理事长向合作社出资额度以上的费用开支和理事长向合作社出资额度2倍以上重大项目建设投资)，由社员(代表)大会讨论通过后，由理事长例行审批手续。财务人员办理各项支出,原始凭证(支出计划审批、发票、验收、入库等凭证)必须齐全,凭证必须有经办人、审核人、审批人签字方可入账。经集体审核通过的开支,需有会议记录或形成的决议作为依据入账。监事会在每月财务结账前对财务支出项目进行审核,对未按规定支出的,提出质询,责令整改纠正,甚至责令由责任人赔偿。

6. 财务公开

合作社实行"财务公开、民主监督"。每月将财务收支情况张榜公布于办公地点;每年向社员(代表)大会汇报上年度财务决算情况、盈余分配方案和本年度财务预算方案。财务人员必须热情接待社员提出的与其有关的财务查询。

7. 购销价格管理

合作社购销产品、生产资料的价格确定及变更要经理事会讨论通过,做到公开、公正、公平,实行透明化管理。购销价格确定后,要将购销价目表张贴在办公地点明显位置,便于社员了解。

8. 社员账户管理

合作社建立社员账户,由财务人员详细记载社员的出资额、应享有的公积金份额以及社员与合作社的交易量(额)。社员与非社员要分开核算。国家财政扶持补助、其他捐赠的资金和财产,不得分配给成员,不得记入成员账户,仅作盈余分配依据之一,成员退社后不再享有。

四、盈余分配制度

1. 分配对象

参加盈余分配的人员为持有该社社员证的社员。

2. 分配核算

合作社在进行年终盈余分配工作以前,财务人员要做好财物清查，准确核算全年的收入、成本、费用和盈余，清理资产和债权、债务。财务核算结束后，向理事会提交盈余分配方案。

3. 盈余分配顺序和办法

合作社的盈余按照下列顺序进行分配：

(1)提取盈余公积金。按照章程或社员大会决议规定的比例提取，用于弥补亏损、扩大生产经营或者转为成员出资。若累计有亏损，首先弥补亏损，抵亏后的公积金余额再用于扩大生产经营或者转为成员出资。

(2)向社员分配盈余。合作社的盈余经过上述分配后的余额，按照交易量(额)向社员返还，分配比例不低于可分配盈余的60%；按照出资额、成员应享有公积金份额和国家财政扶持资金及接受捐赠确定为社员的份额向社员进行分配，分配比例不超过可分配盈余的40%。入社不满一年的社员，根据社员实际出资和入社时间，按时间段按比例进行分配。

4. 审批程序

理事会接到合作社财务部提交的盈余分配方案后，组织召开有监事会成员、管理人员、社员代表参加的理事会扩大会，听取意见，进一步完善方案，经理事会审核后，提请社员(代表)大会审议批准后方可执行。

5. 记载登记

按交易量(额)比例分配盈余金额及平均量化到社员的资金份额要记载到社员证中。

案例【3-3】

合作社的困惑

小朱从新疆农业职业技术学院畜牧兽医专业毕业后回家乡搞了

个养殖合作社，购买了种苗和饲料。他的养殖技术很好，一轮下来收益很不错，周边的村民也纷纷入了股，扩大了规模。小朱每天都忙得不可开交，但是手里的钱却越来越紧张，有一天居然连买饲料的钱都付不出了。他很苦恼，去找教过企业管理的老师，老师问他村民投入了多少钱，支出的流水在哪里？他摸摸脑袋不好意思地说，记不清了。老师建议他请一个出纳把财务制度健全起来，做好收支计划，公私账要分开，于是他邀请了经贸学院的一位共同参加创业大赛的同学负责出纳兼行政事务。经过一个月的努力，合作社有了明白账，小朱也懂得了做好资金筹划，合作社的业务步入了正轨。

五、农产品创新研发

案例【3-4】

创意西瓜破滞销难题

江西省有一位农妇种了几亩西瓜，西瓜长势良好，丰收在望。可是在西瓜尚未成熟时，市场早已饱和，瓜价受挫，销路也不畅。丰收了却不能增加收益，这是农民最大的痛苦。这位农妇想，好瓜好吃，那是吃过之后的感觉。好瓜要好卖，还得让买瓜人在买瓜之前先有一个好的印象。百货商店里的商品包装得非常漂亮，目的就是为吸引人。但是，西瓜能包装吗？常规包装显然不好办，那就想办法搞特殊包装。

在苦思冥想之后，农妇有了创意。她让人写了“吉祥如意”“清凉解暑”“祝你平安”等字样，用白纸剪下来，然后贴到快成熟的西瓜皮上。过了几天后，贴字的地方因阳光的照射受到阻隔，光合作用减少，纸一撕下来后绿绿的西瓜皮上就留下了橙黄色的文字。当西瓜成熟后，农妇采摘西瓜上市，这些与众不同的西瓜格外招人喜爱，结果瓜好卖了，价格也高了，农妇的收入也增多了。

（一）创意农业

1. 创意农业的内涵

用创意产业的思维方式和发展模式整合农村生产、生活、生态资源，创新农副产品，完善农村多层次产业链，创新农业发展模式，就是创意农业。

农产品“卖难”很大程度是因其品种老化，品位低下，缺乏新意和发展。但当农业融合了创意，通过改变农产品的外观或包装，就产生出了最直接的创意产品。必须让更多有艺术品位的优质农产品走出田园、走向市场，农产品才能获得较高的附加值。有市场需求，有利益的驱动，就有快乐的产销和享用，由此创意农业前景无限。

2. 创意农业的特点

创意农业是“无边界产业”，要求一、二、三产业的融合发展，绝非传统农业的单一生产功能，要以科技创新和文化创意作为两大驱动引擎，城乡之间互动互融，以自然农业生态为依托，以高效的农业生产为基础，创造出高附加值的农产品或服务。

创意农业特点主要是：“三生、三农、三新、四高和四化”，体现出培育开发区域“特”、产品“特”、市场“特”、创意“特”。

“三生”即生产、生活、生态，三种资源；

“三农”即创意农村、创意农业、创意农民；

“三新”即新商机、新市场、消费新时尚；

“四高”即高文化品位、高知识性、高营利性、高附加值；

“四化”即智能化、特色化、个性化、艺术化的新型农产品。

3. 创意的表现形式

(1)产品创意:产品功能与造型推陈出新或赋予文化新意。

案例【3-5】

果蔬盆景助农增收

在北京大兴区的老宋瓜园,总经理谈起创意型农产品带他走上致富路时,不禁喜上眉梢。在他家专门用于栽种特色农产品的温室大棚内我们可以看到,绿油油的瓜藤爬满了花盆中搭好的藤架,一根瓜藤上已结出三个拳头大小的小西瓜,青翠欲滴,这就是西瓜盆景了。“这西瓜一当花儿卖,可就不是西瓜的价格了,西瓜一栽到花盆里,有了观赏价值,一盆能卖到200元。”盆景西瓜有着广阔的市场。随着人们生活水平的提高,家庭环境质量将成为市民最为关注的热点,而盆景西瓜四季可栽,家家受用,同时又解决了长期困扰人们的西瓜上市旺季卖瓜难的问题,一举两得。色彩斑斓的盆景蔬菜、盆景西瓜、盆景梨、盆景葡萄、水晶西瓜等,不仅是绿色农产品,还是旅游商品,它的文化价值、科技价值、艺术价值远远超出它的本身价值,每盆由几元钱变成一二百元钱,促进了农民增收。这种创意文化同农产品开发相结合的方式,增加了农产品的附加值,推进了现代都市农业的发展,为农民增收开辟了一条新路。

(2)服务创意:提供与顾客人际互动的多元化或新颖的体验,创造生活愉悦的价值。

(3)环境创意:塑造创意环境,感动顾客心灵。

(4)活动创意:定期或不定期举办创新活动,给消费者提供学习体验。

4. 创意农业发展模式

可以根据现有资源优势，优先发展特色农产品生产与加工；也可以根据地理、区位优势，发展设施园艺；可以根据历史遗产和地理位置，建立青少年爱国主义教育培训基地；或根据独特创意，建立文化、体育、娱乐、休闲、疗养基地，如：①青少年爱国主义教育基地：红色记忆纪念馆、军垦博物馆等；②自然生态村：生态能源村、温泉村、森林村、月亮地村等；③文化娱乐村：水上世界、画家村、工艺品村、采摘村、垂钓村、民俗村、民族村等；④观光农业村：蟠桃村、西瓜村、草莓村、葡萄酒村、豆腐村、采摘农场等；⑤历史文化村：刀郎部落、坎儿井村等。总之，创意无限。

农民专业合作社应紧紧围绕地理、区位优势，创新发展模式，结合粮食、棉花、林果、畜牧、菌草区域特色和全域旅游等产业发展壮大。

案例【3-6】

新疆金玉蜂业尼勒克县种蜂场养殖专业合作社

2007 年 11 月，新疆金玉蜂业尼勒克县种蜂场养殖专业合作社正式成立，经过 10 多年的发展，合作社已经从当初一家一户养蜂转变为有组织、有技术指导、从源头上控制蜂产品原料质量安全的标准化养蜂合作社。2016 年获评国家示范合作社，目前，合作社已有蜂群 28 437 万群，社员 120 户，现有 200 群以上的大户有 65 户，2021 年合作社实现蜂业生产总值 3 684 万元，年内完成原蜜生产 600 吨，花粉、王浆等蜂产品 1.9 吨，合作社利用科技之冬组织举办了新老养蜂人员参加的“黑蜂技能培训”和“春季蜜蜂饲养管理”培训班，参加人员 600 人次。

1. 合作社的具体做法

以蜂产业精品化、蜂产品高端化、蜂发展多元化为突破口，合作社工作开展得有声有色。首先，合作社从制度建设入手，先后建立了养蜂管理制度、养蜂用药管理制度、养蜂日志制度等一系列制度。同时要求新疆黑蜂保护区内的蜂农全部加入合作社，并统一发放养蜂证。其次，合作社成员要按照合作社的要求，在蜜蜂饲养上严格遵守五统一，即“统一饲养黑蜂蜂种、统一饲养管理模式、统一疾病防控程序、统一产品质量、统一饲养器具”，进行标准化生产养殖，进而生产出高质量、高标准的蜂产品。最后，制定养蜂扶持优惠政策，合作社为社员服务做到“三免三补”，即免费提供“种蜂王、技术培训、蜂具”；补“蜂房、蜂箱、新增蜂群”。通过合作社的运行，蜂产品质量得到有效保证，养殖规模得到了进一步扩大，实现了规模化养殖、标准化生产。

2. 发展合作社的思路

虽然合作社工作取得了一些成绩，但仍存在许多影响和制约合作社发展的问题和瓶颈。一是为了使蜂农的利益最大化，合作社采取统一价格收购，统一销售蜂产品的方式，进一步提高蜂农生产积极性和抵御风险的能力。由于合作社基础薄弱、经济水平低，加上资金的缺乏已严重制约了合作社的运行，合作社生产基础设施投入、设备投资、技术更新都需要资金，政府应出台一系列项目扶持政策。二是注重品牌建设，为合作社长远发展奠定良好基础，有了质量和品牌才能在市场上立于不败之地。首先要加强蜂业标准化养蜂技术的普及，积极提高蜂农的养殖水平。其次要加强合作社资金运转，促使合作社良性循环。最后要强化产品质量监管，着力打造合作社质量品牌，不断提高合作社产品的市场竞争能力。

(二)农产品创新

1. 农产品研发基本理念

(1)按照创新、协调、绿色、开放、共享的发展理念研发农产品。

创新发展,改革当先。农业要强,必须以创新为理念,深化农村改革。要厚植农业农村发展优势,加大创新驱动力度,推进农业供给侧结构性改革,加快转变农业发展方式。

协调发展,城乡融合。要把工业和农业、城市和乡村作为一个整体统筹谋划,促进城乡在规划布局、要素配置、产业发展、公共服务、生态保护等方面相互融合和共同发展。中央一号文件也强调,要加快补齐农业农村短板,必须坚持工业反哺农业、城市支持农村,促进城乡公共资源均衡配置、城乡要素平等交换,稳步提高城乡基本公共服务均等化水平。

绿色发展,留住乡愁。新农村建设一定要走符合农村实际的路子,遵循乡村自身发展规律,充分体现农村特点,注重乡土味道,保留乡村风貌,留得住青山绿水,记得住乡愁。

开放发展,资源流动。开放发展,不仅体现在借鉴国际先进经验,还体现在破解城乡二元结构上。要在破解城乡二元结构、推进城乡要素平等交换和公共资源均衡配置上取得重大突破,逐步让农业转移人口在城镇进得来、住得下、融得进、能就业、可创业,给农村发展注入新的动力。

共享发展,共享成果。引导农民积极参与现代农业建设,才能让农民尤其是贫困农民更多分享现代化建设成果。

(2)以满足顾客的需求为基本出发点。

(3)坚持技术上的适宜,并适合国情与企业情况。

(4)坚持经济上的合理性,以最少的费用实现技术目标。

(5)提高通用化、标准化、系列化的水平。

(6)便于制造与使用。

2. 合作社创意案例

案例【3-7】

新疆呼图壁县众义食用菌种植农民专业合作社

合作社采取“公司+股东+合作社+基地+农户”的运作模式。

一、情况简介

呼图壁县众义食用菌种植农民专业合作社成立于2012年4月,位于呼芳路8.5公里处,占地40余亩,拥有42间保鲜库,库容达到8 000吨,有烘干房10间,可日加工鲜果30余吨。合作社主要是以水果的种植、保鲜、烘干、销售、物流为一体的综合型合作社,注册资金500万元,主要业务范围为组织成员进行农作物种植、保鲜、初加工和销售,以及造林苗、城镇绿化苗、经济林苗、花卉的种植和销售,为成员提供种植技术、保险技术服务、市场信息、培训和咨询服务。

合作社法人严志军,自工作以来,诚实守信,社会形象良好,有着多年的葡萄种植经验,经营管理和项目建设能力强,是呼图壁县带动农牧民增收致富的优秀农村经纪人。2012年4月,严志军注册成立了新疆博沃众义农业发展有限公司,把以前的“股东+合作社+基地+农户”的运作模式改变成为“公司+股东+合作社+基地+农户”的运作模式,公司通过经营管理对接销售,合作社负责对接农户和基地,发展种植,形成规模化经营,以“公司+股东+合作社+基地+农户”的模式,提升当地葡萄产业化发展水平,带动农户增产增收。2019年新疆博沃众义农业发展有限责任公司成为昌吉市龙头企业。

2018年整体销售达到500万元，净利润达到80万元，同时带动劳动力就业转移90余人。

2019年整体销售达到795万元，净利润达到107万元，同时带动劳动力就业转移100余人。

2020年合作社销售葡萄1 650吨，实现销售收入1 406万元、净利润117.6万元，安排农民就业120人，带动农户数65户，带动农民年创收182.0万元；直营生产基地面积1 500亩，其中流转标准化生产基地面积1 000亩。

合作社目前种植了鲜食葡萄、保鲜葡萄和香妃海棠果，种植面积达到1 000余亩。

合作社于2020年被认定为国家级农民专业合作社示范社。

1. 建章立制，规范管理

合作社从组建之初就非常重视建立健全内部管理制度，不断加强组织机构建设。先后制定了合作社岗位责任制度、财务管理制度、现金开支审批制度等，设有理事会、监事会和成员代表大会，实行重大事项决策一人一票的原则。合作社理事会现有理事长1名，理事4名，分区域负责指导农户栽种葡萄、除草修枝、追肥养护、保鲜等作业，组织开展葡萄集中采收和保鲜装车运输等。

合作社每年召开至少1次全体成员大会，通报全年经营和财务情况，谋划来年生产计划、分配二次红利和绩效奖励等。合作社现有注册资本500万元。为不断增强合作社的凝聚力、提升成员对合作社的信任度，合作社严格按照农民专业合作社财务管理制度，设立成员账户，每年在合作社公示栏进行2次财务公示，接受全体成员的监督，并由金算盘财务代理公司进行财务代理。

2. 示范引导，质量为先

合作社始终把安全生产和产品质量作为产业发展的头等大事。

合作社以成员为主体，以鲜食葡萄短期储存为基础，以耐储存葡萄保鲜为重点，以葡萄烘干为补充，扩展在葡萄种苗培育供销、葡萄栽培技术服务、保鲜库设计施工咨询等方面的业务。开展技术培训，组织成员重点学习葡萄保鲜生产技术规程，提高合作社成员的质量安全意识。在核心基地使用有机肥，减少农药喷施，起到绿色示范样板作用，带动周边农民不断提高生产的标准化、科学化、规范化水平。为进一步改进鲜食葡萄品质，合作社还对部分葡萄基地进行了升级改造，为农户统一提供优质葡萄苗，在新苗剪枝和栽种环节给予现场指导。保鲜库按有关规定提取了大修理基金，做到专款专用。保鲜库认真执行有关的维护检修制度，将维护检修工作列入领导议事日程，配备专人负责。将保鲜库的定期检修和日常维护相结合，以日常维护为主，切实把建筑结构、机器设备等维护好，使其处于良好的工作状态。为掌握建筑结构和机器设备的技术性能状况，便于对建筑和机器设备进行管理和维修，按标准建立了完善的技术档案。保鲜库的机器设备发生故障和建筑结构损坏后，立即检查，分析原因，制定解决办法和措施，并认真总结经验教训。对于因玩忽职守、违章操作造成事故的人员，追究责任，依章处理。基地还通过了第三方有机认证，全面实现50万吨保鲜基地的战略目标，进一步提升了合作社产品的附加值和业界口碑，发展果蔬保鲜产业。

3. **精深加工，做强产业**

产加销一体化发展，是合作社做大做强的一条重要经验。合作社为了把果蔬保鲜做深、做精、做强，在多年的种植经验基础上，进行了流程优化，所有产品全部采用低温压榨，严格执行过滤除杂、脱水、脱色、脱臭、冬化脱脂等环节的技术操作规范，最大程度保留鲜食葡萄的营养成分，确保质量安全。2021年，合作社在原有的保鲜库基地上投资扩建保鲜库1 000平方米并配备选果设备一套。在厂区内，选果车间、包装车间、保鲜库相互毗邻，且保持空间独立，极大地提高了果蔬加工保鲜安全性。

4. 品牌营销，拓宽渠道

为提高果品的市场竞争力，克服个体营销组织小、弱、散的缺点，合作社采取统一品牌、统一编码、统一标准、分级包装、分点销售等方法，合作社于2017年注册“众义园”和“众义辰”两个商标，提高品牌市场知名度，拓宽产品销售网。通过加工冷藏保鲜，产品远销到广州、深圳、海南、北京等地，2018年通过深圳口岸进入东南亚市场。通过合作社的组织和销售，产品销售价格平均提高了40%。每户提高销售收入1.8万余元，提高了果品的种植效果，增加了种植户的收入，为加快农民脱贫致富起到了良好的带动引导和示范作用。

二、未来发展

未来要建设一间海棠果分选厂房和一间葡萄分选厂房，把葡萄的种植面积扩大到10 000亩(引进早、中、晚三个品种)，建设5 000亩的海棠果种植基地，培育研究适合当地的葡萄品种和海棠果。实现“统一种植、统一施肥、统一管理、统一收购、统一销售”，做到五个统一，提升保鲜果品质量。

提供更大的保鲜仓储库房以及先进的物流运输，丰富周围县市市民的“果篮”“菜篮”。因人民生活水平提高，对冷藏冷冻市场的需求日益扩大，冷库物流基地能有效地解决周边城市的需求。同时配备齐全先进的运输车辆，配合冷库能提供有效的冷链运输，解决以往的冷链设施分布不均的问题，减少易腐食品损耗，降低物流费用，提高食品质量，为民众食品安全提供保障。此外，冷链物流基地需要大量劳动力，冷链物流基地的建设同时能带动周边劳动力，提高人均收入。

"为耕者谋利,为食者谋福",进一步畅通农产品产销对接,减少流通环节,降低采收成本,在满足群众需求、稳定农副产品价格的同时,推动呼图壁县农业增效、农民增收,带动当地农民再就业,实现多方共赢。

面向未来,合作社有信心也有决心在各级党委、政府和有关部门的正确领导和大力支持下,不断探索完善新形势下特色产业合作组织的运行机制和管理模式,带动越来越多的农户致富增收,打出呼图壁县鲜食葡萄产品区域品牌,为乡村振兴贡献应有的力量!

第二节　农民专业合作社的业务运营

一、市场调研

合作社向什么方向发展?经营什么产品?如何运营?怎样处理好内外关系呢?要了解以上问题我们就需要对市场进行调研。市场调研需要解决下列问题,简称"四面八方"。

(1)谁是自己合作社产品的消费者?

(2)合作社怎样满足消费者的需要?

(3)谁是本合作社的竞争者?

(4)合作社要采取什么策略与自己的对手竞争?

(5)谁是本合作社的联合者?

(6)合作社通过何种模式与联合者增强自己的竞争力?

(7)合作社如何充分利用天时、地利、人和的条件,适应和创造有利的经营环境?

(8)合作社怎样把握住能够发挥自己优势的一切机会发展壮大?

表 3-1　农产品产业结构

<table>
<tr><td colspan="8">现有农产品产业结构</td></tr>
<tr><td>原材料制造</td><td colspan="2">流通领域</td><td>农业生产</td><td colspan="2">流通领域</td><td>成品加工生产</td><td>最终用户</td></tr>
<tr><td>化肥企业</td><td rowspan="5">一级代理商</td><td rowspan="5">二级批发、零售商</td><td rowspan="8">千千万万的农村家庭</td><td rowspan="5">各级、各区域收购商、点</td><td rowspan="5">区域总代理</td><td>粮油肉加工</td><td rowspan="8">千千万万的消费者</td></tr>
<tr><td>育种企业</td><td>食品深加工</td></tr>
<tr><td>各种农药</td><td>食品添加剂</td></tr>
<tr><td>机械加工</td><td>植物化纤</td></tr>
<tr><td>其他农资</td><td></td></tr>
<tr><td>电力</td><td></td><td></td><td colspan="3">龙头企业</td></tr>
<tr><td>水利</td><td></td><td></td><td colspan="3">国家储备</td></tr>
<tr><td colspan="3">各类农业生产用物资</td><td colspan="3">农产品</td></tr>
<tr><td colspan="8">产业结构的供应链整合</td></tr>
<tr><td rowspan="3">生产原料</td><td rowspan="2">一级代理商</td><td colspan="3" rowspan="3">农民专业合作社</td><td>一级代理</td><td>下游各类加工</td><td rowspan="3">千千万万的消费者</td></tr>
<tr><td colspan="2">龙头企业</td></tr>
<tr><td>直接供应</td><td colspan="2">部分加工整合进入合作社</td></tr>
</table>

二、农业产业化经营与农产品生产基地的建立

1. 农业产业化发展过程中的主要组织模式

(1)公司+农户;

(2)农产品批发市场+中间商+农户;

(3)合作社+农户,或公司+合作社+农户。

随着我国农村市场经济体制的不断完善,“公司+农户”的农业产业化经营形式暴露出很大的局限性,农户的利益实现受到了影响。

2. 农业产业化发展的最佳模式

农业产业化的实质是通过一定的组织形式引导分散经营的农户进入市场，实现农业产前、产中、产后一体化经营，重新划分利益机制，改变农业的弱势产业地位。农业产业化工作的重点是要大力引导和扶持农副产品加工的龙头企业，通过龙头企业的发展带动农业生产专业化的形成，促进农户生产规模的扩大和经济效益的提高。一家一户分散生产的原料很难达到企业规模生产对原料的数量和质量要求，龙头企业的发展必然要求分散的农户组织起来建设标准化的种植基地、养殖小区，以满足其生产发展的要求。但龙头企业与农户在利益上也存在矛盾的一面，企业经营活动的最终目标是获取最大利润，这与同在一个经济体中的农民想要获取最高收入的目标显然是不一致的。而且在这个矛盾体中，农户显然是处于弱势地位的一方。实践证明，分散经营的农户只有组织起来这一条路，也就是建立各种类型的专业合作组织、生产合作社，才能有效提高农民的市场谈判地位，维护自身利益。只有如此，分散经营的农户才能为企业提供符合质量标准的、足够的原料，支持龙头企业的发展；同时，依靠龙头企业的发展又可以进一步促进农民扩大生产规模、增加收入，从而实现农户、企业双赢。实现农户与龙头企业双赢局面的最有效形式是“公司＋专业合作社＋农户”或“合作社＋农户”这一模式。

3. 农业产业化对农产品的要求

(1)统一建设标准化示范基地，开发、引进、试验和推广新品种、新技术、新设备、新成果；

(2)统一制定并组织社员实施产品生产质量标准，组织开展社员生产经营中的技术指导、咨询、培训和交流等活动，向社员提供生产技术和经营信息等资料；

(3)统一组织采购、供应社员需要的种子种苗、生产原料和农用物资等农业投入品，开展社员需要的运输、储藏、保鲜、加工等服务；

（4）统一组织销售社员的产品，对外参加农产品交易会、博览会；

（5）统一注册商标、产品包装、广告发布和市场开拓；

（6）统一申报、认证认定无公害农产品基地、无公害农产品、绿色食品、有机食品和著名商标、知名商号及地方名牌等，提升产业和品牌；

（7）其他有助于产业化发展的统一，如统一申报各种科研、示范、开发项目，组织实施国家农业支持保护政策；统一开展社员需要的法律、保险、贷款等服务和培训等。

三、标准化生产

案例【3-8】

山东烟台南王山谷葡萄生产合作社

中粮长城葡萄酒（烟台）有限公司是国家级农业产业化龙头企业，公司作为发起人，以投入资金为股份，将规划区内13个行政村的农民组织起来，村民以土地承包经营权为股份，成立了“烟台南王山谷葡萄生产合作社”，辖13个村级合作社，吸收1 980户农民入社，专门从事葡萄标准化生产。在保证农民土地经营权不变的前提下，与当地入股的农民签订《土地承包经营权流转合同书》，按土地质级及评价折算股金入股。同时，社员享有退社的自由，也可以转让股权。社员退社时，其入社土地于年终决算后2个月内返还。原则上动账不动地，即社员所承包的土地使用权可以在本村集体所有土地范围内进行调换，以保证原承包葡萄园的完整及苗木设施不受损坏。

实行“一体化经营、标准化管理、规模化生产、专业化服务”。由合作社负责将农民入社的土地进行山、水、林、田、路综合整治，统一整地改土，统一配套水利设施，统一布局栽培苗木，统一生产服务与技术指导，统一供应化肥、农药等生产资料，统一按保护价收购葡萄。

1. 标准化的含义

简而言之，标准化就是规范化、普及化的生产实践经验。通过制定标准和实施标准，把产前、产中、产后全过程纳入标准生产和标准管理轨道的过程。

2. 农业标准化的最高目的

以消费者的身体健康和安全为最高目的，也就是说合作社生产的产品以保证消费者的身体健康和安全为最高目的。

农业标准化有两种形态：

(1)规格制度(自愿性)：即农产品的品相、规格、重量等标准制定是自愿的。

(2)质量基准制度(强制性)：即农产品的质量基准要求必须符合农产品质量要求，农产品质量基准制度是强制性的。

3. 为什么会向标准看齐

因为这是市场的需求、商品化的要求、消费者的要求；合作社产品标准化将是自身的一大优势，为产品的品牌化建设打下坚实的基础，同时也能为合作社带来很好的收益。

4. 标准化的原则

(1)统一：在品种、品质、规格、包装、商标等方面做到统一。

(2)简化：在流程上力求简化。

(3)选优：农产品品质方面力求优选，以消费者的身体健康和安全为最高目的，我们奉行“100－1＝0”。

案例【3-9】

农产品标准

世界上许多国家针对农产品生产全过程都出台了一系列标准和规范。如水稻不同品种都有相应的栽培指南，严格限定农药的使用时间和次数，以及化学肥料的使用时间和用量等。所有农产品入市前，都必须按一定标准进行严格筛选和分级，市场销售优级优价，等级的高低、包装的优劣、品牌的大小决定价格的贵贱。如黄瓜的大小标准根据单果的长度和质量而定，分为L、M两个等级。L级要求单果长度在22厘米以上、25厘米以下，单果质量在110克以上、140克以下，每箱装黄瓜42～47根；M级要求长度在19厘米以上、22厘米以下，单果质量在80克以上、110克以下，每箱装黄瓜50～54根。如果黄瓜达到了品质标准，但不符合大小及质量标准，也只能作为等外果。

四、标准化管理与品牌推广

1. 标准化管理是提高市场竞争力的迫切需求

在现实中，农业产业结构解决的是什么能挣钱、什么会亏本的问题，农业产业化解决的是挣多挣少的问题，而标准化是农业发展的生死问题，没有标准化生产，将来在市场上将寸步难行。

2. 标准化管理是地优农产品创名牌的必然途径

当下品牌已成为农产品市场竞争的主要手段。农产品品牌的形成必须在优良品种、种植技术、安全卫生、检验检疫、包装贮运以及生产资料的供应和技术服务等环节上，全部实现标准化管理。质量是品牌的前提，标准化是品牌的基础，规模生产是品牌的保障。

3. 品牌的本质

品牌产品是建立在诚信基础上的高品质的产品。品牌的“品”字三个口，就是众人都说。如：品德——就是大家都认可的德行；品质——大家都认可的质量；品牌——大家都认可的牌子。要不断学习，强化意识转变观念，要有品德、品质、品牌意识，记住货好才是硬道理。农产品开始时，是一分货卖一分价，而当大家都说你的货好时，就是一分货卖十分价，其中九分卖的是品牌。

4. 如何提升农产品标准化水平

(1)标准化管理要与无公害优质生产相结合。高标准对接，以消费者的身体健康和安全为最高目的；生产无公害农产品，最核心和最基本的工作就是降低农药残留问题，给消费者一个购买产品的理由，即“卖点”——如绿色、有机、天然等。

(2)标准化建设要与体制创新、品牌建设相结合。标准化建设要推行相关标准和技术，收购符合条件的农产品，统一包装后进入市场，效仿工业中的贴牌生产，实现基地车间化、农民工人化、生产标准化。品牌建设应遵循由近及远的原则开展品牌推广活动，“本地带动、周边辐射，由近及远、循序渐进”。

(3)标准化建设要与配套服务体系建设相结合。

第一是质量安全检测体系，全过程检测；

第二是技术标准体系；

第三是采后处理、贮藏、运输、市场体系，建立从土地到餐桌全过程的标准化；

第四是标准化信息咨询服务体系。

(4)加强监督与管理。例如，行业协会的自律制，处罚违规者。

(5)培训学习提高。不断组织社员培训学习，改变思维、提高认识、学习标准、团结协作。

(6)政府支持。政府应加大标准化建设方面的政策、资金扶持与法制体系建设。

案例【3-10】

某蔬菜合作社高标准建园的“五化”

(1)规模化种植。在重点区域,选择集中连片的生产基地,开展标准园创建,推进蔬菜规模化种植,发展适度规模经营,露地蔬菜标准园集中连片1 000亩以上,设施蔬菜集中连片200亩(设施内面积)以上。

(2)标准化生产。①推广防虫网、黏虫板、杀虫灯等生态栽培技术,减少农药用量;②推进标准化生产,规范农民生产行为,实现科学安全用药;③建立投入品管理、生产档案、产品检测、基地准出、质量追溯等5项质量管理制度,构建产品质量安全管理长效机制。

(3)商品化处理。大力发展园艺产品清洗、分级、包装等采后商品化处理和贮运保鲜,长途运输要进行预冷处理。建立冷链系统,实行商品化处理、运输、销售全程冷藏保鲜。

(4)品牌化销售。搞好无公害、绿色、有机产品相关认证,加大园艺产品品牌建设。通过品牌扩大影响,开拓市场,标准园的产品做到100%品牌销售。

(5)产业化经营。标准园创建,以农民专业合作组织或龙头企业为载体,把一家一户的农民组织起来,实行“六统一管理”(统一品种、统一购药、统一标准、统一检测、统一标识、统一销售)。

五、产品营销

1. 营销的内涵

书面定义为以买主为对象，在不断变化的市场环境中，以顾客需求为中心，通过交易程序，提供和引导商品或劳务到达顾客手中，满足顾客的需求与利益，从而获取利润的活动。

营销的实质：营（策略）70%、销（执行）30%。营销就是“卖”；商业就是“贱买贵卖”；营销就是要解决好三个问题，如何卖？卖什么？卖给谁？

人因为需要、欲望和需求产生了“买”——另外的人生产出商品，进行“卖”，交换和交易——形成了市场和行业——如何“卖”——产生了4P（产品、价格、渠道、促销）——依据4P形成营销（卖）的方案。

2. 合作社营销战胜竞争者的五大指标

(1)品种更多；

(2)质量更好；

(3)价格更低；

(4)交货更快；

(5)服务更优。

3. 新疆农产品营销现状

(1)农产品极大丰富——形成买方市场；

(2)品种繁多、品质不一、品牌杂乱；

(3)农产品生产没有严格的质量标准，农产品品质无法保证；

(4)农产品信息渠道不畅；

(5)农产品营销渠道不畅；

(6)对消费需求、对客户服务意识淡薄；

(7)农民、合作社对农产品地域性的依赖较强；

(8)品牌意识淡薄；

(9)无营销策略；

(10)营销手段单一；

(11)销售队伍素质不高；

(12)农产品品种单一、规模不大；

(13)农业标准化建设严重滞后。

4. 农产品营销策略

(1)农产品营销制约因素

①农产品生产经营信息；②农产品结构；③农产品营销网络；④农产品深加工技术；⑤农产品营销政策(国家地区的支持程度投入大小)；⑥工业物价水平；⑦居民收入水平。

(2)农产品营销对策

①重信息、选方向、调结构。重视农产品需求信息收集，以顾客、市场需求为导向，不断调整产品结构，从原始新鲜产品(未加工)到初加工产品再到深加工产品，从单一产品向多元化产品结构方向发展。

②抓管理，重质量，降成本。实行农产品的标准化生产，加速农产品的商品化发展，使得农产品生产从播种到收获、加工整理、包装上市都有一套严格的标准。如农民种西瓜，用什么品种、何时下种、何时施肥、施多少肥、何时采摘，都有严格的规定，实现农产品质量可追溯。在农产品生产经营的各个环节控制成本，以期实现最大效益。

③建网络，学技术，多渠道促销。不断学习培训，训练一支营销队伍，建立适宜的营销网络，掌握电商等技术技巧，公司＋合作社＋农户、超市＋合作社＋农户、直播带货、农产品定制、电商平台等方式多渠道促销。

④靠政策，多投入，重心转向经营市场。紧紧依靠乡村振兴战略、一带一路倡议、自治区农业发展战略，国家对农民专业合作社的

相关扶持政策，以市场为导向，依靠科技进步，积极发展特色农业、生态农业、效益农业、创汇农业，打“绿色牌、名优牌、特色牌”，围绕粮食、棉花、特色林果、畜禽、种子生产与繁育、区域特色产业、菌草、旅游等产业，走农产品产业化、规模化、特色化经营之路。

案例【3-11】

新疆新和戈壁红农产品农民专业合作社

新疆新和戈壁红农产品农民专业合作社成立于2011年8月，由新和县塔什艾日克乡五一水库农场的66名红枣、核桃种植户、销售户、社会团体等社员自发入股组建。合作社加工厂占地29.3亩，种植基地占地2 382亩，拥有资产1 260万元；主要经营范围是红枣、核桃、黑桑葚、黑枸杞等地产林果种植、加工、代加工、销售；红枣、核桃生产新技术、新品种的引进；红枣、核桃种植有关的技术培训、技术交流和信息咨询服务。

该合作社长期致力于地产林果深加工产品的研发，在传统的核桃、红枣产品基础上拥有枣干、枣粉、核桃粉、黑桑葚干、黑枸杞等附加值较高产品。合作社先后取得QS加工企业认证，质量产品认证证书。2017年申报两项实用新型专利(红枣清洗分级机，青皮核桃脱皮机)并于2018年获得授权；2013年被评为自治区级农民合作社示范社，同年被县劳动人事局奖励10 000元，作为当地少数民族劳务派遣的(领头羊)合作社；2015年被评为阿克苏地区农业产业化龙头企业；2016年被评为自治区“短平快”项目促就业示范企业；2017年被评为国家级农民合作社示范社。

在合作社现有年加工红枣5 000吨、青皮核桃3 000吨的生产能力;同时可年加工黑桑葚、黑枸杞、杏干各50吨;枣粉、枣干、枣夹核桃等各100吨;合作社注重技术研发,开发了核桃油等高附加值产品,是集林果栽培→加工→销售为一体的标准化林果产业示范基地。

合作社加工厂在以往保鲜库的基础上具备了系统加工能力,进一步完善了林果产品的产销体系,提升了经营服务能力,推动新形势下林果业的发展。合作社培训出一批懂技术、会经营的人才。合作社免费为周边农户提供果树产前、产中、产后的生产资料推介,果品新品种的引进、技术咨询服务、统一质量管理等。下派技术员对果树种植户进行理论讲解,技术实践指导。

合作社带动周边近100多户农户走上了致富道路,同时拉动本地及周边种植、运输、加工等近50户增收发展。合作社大部分社员为本地少数民族社员,林果采摘及加工时节可解决150～200名当地少数民族社员就业,通过该合作社近年的帮扶及带动,合作社近30户实现脱贫,合作社社员每户可人均年增收10 000元以上,林果采摘及加工就业人员人均增收8 000元以上。合作社理事长郑成军应阿克苏地委要求,2017年任新和尤鲁都斯巴格镇托普先大队科技副书记,帮助大队农户建立温室大棚45个,用以种植早甜瓜、西瓜;两年时间带动周边近60户农民户均增收3 000元。

该社把合作社的发展和农户的致富紧密地联系在一起,实现了合作社、农民、市场和社会共赢,为建设社会主义新农村做出了突出贡献,具有较强的龙头带动作用。

模拟实训

下面以"小华创办合作社的故事"案例为背景,系统地学习与掌握合作社建设与管理的知识和技能。

1. 模拟实训规则

(1)将学员分为5～6人一组的若干小组,各小组指定(或推荐)一名学员为负责人来组织训练活动，下一次活动时更换人员，力求人人都能得到训练。每个小组为一个相对独立组，根据训练背景内容的不同，每人扮演不同的角色。

(2)训练内容与范围：各类合作社的管理者在一天中，可能遇到的各种与背景案例及本章内容相关的问题。

(3)小组活动的总时间定为4小时(其中1～2小时为小组开展活动的准备时间，不在训练方案时间表中体现)，由小组负责人与成员一起按照模拟实训训练标准流程讨论、制定训练方案时间表。训练方案时间表要求格式化，允许有10%的调整弹性。

(4)训练标准流程：①训练规则说明；②分组及任务分解说明；③上任与面对问题(本章中的案例及可能遇到的各个问题)；④分析与讨论会议；⑤制定解决方案；⑥方案要点讲解与小组讨论点评；⑦讲师点评。

(5)考核：①从各小组中各抽出一人组成考核组；②考核对象：每个小组、每个人(特别是小组负责人)；③考核内容：流程考核(小组是否按照训练流程进行训练)，时间考核(小组是否按照训练时间表进行训练)，角色考核(每人角色扮演的形式与实质技能考核)，团队与效果考核(小组整体表现)；④考核形式：考核组集体打分；⑤考核标准：形式性考核占40%(包括流程、时间、角色、需要的书面解决方案等)，实质性考核占60%(包括小组及个人的实际表现、内容掌握深度、目标实现度等)。

(6)保留各项记录。

2. 模拟实训的背景案例及场景

案例【3-12】

小华创办合作社的故事(三)

在案例【2-7】中,小华通过向昌吉××养殖合作社的理事长马总学习,充分认识到了在合作社登记设立阶段要做好基础工作的重要性。那么合作社在运行中又需要重点注意什么呢?马总说,合作社在运行阶段应抓好规范管理,才能使合作社平稳健康地发展。农民专业合作社从创办设立到正式运行,要想真正体现"生产在家、服务在社""先有专业生产后有专业合作、先有群众意愿后有组织建设""自主管理、自由进退"的要求和理念,就必须全面强化内部管理,促进规范运行。这些要求的着力点是,在家庭承包经营的基础上,充分强调"统"的功能,使统分结合的双层经营体制得以延伸。合作社理事会或者管理人员要结合本合作社的实际,有选择地重点抓好以下工作:

(1)为社员及时提供信息服务。在信息化时代,作为建设和发展现代农业的一个崭新载体,合作社的运作离不开市场导向。加强对市场信息的收集和传递,是合作社实现灵活经营、规避市场风险的一项长期而重要的工作。合作社管理层要对产品动态信息、市场供给信息、消费需求信息、市场价格信息、产业政策信息等作出及时反应并传达给成员。

(2)组织农民学习科技知识。合作社不仅要帮助合作社成员大幅度地增产增收,更要带动当地广大农民群众增收致富。科技是生产力,因此,把提高产业的科技含量,提高合作社成员的生产技术水平,培养新型农民列入合作社的重要议事日程。可以说,合作社要开展培训的内容是非常广泛的，首先要抓好的是合作社有关理论知识的培训，使合作的理念深入人心。

(3)积极开展技术指导。合作社在运行过程中，要针对该社生产经营的专业化程度和产业特色，广泛与相关科技部门对接，加强横向联系，利用科技部门的技术优势，解决广大成员在生产经营中遇到的疑难问题。有条件的合作社可结合自身实际，聘请技术顾问、理财顾问、法律顾问和政策顾问。

(4)统一供应农业生产资料。合作社成员享有合作社提供的各种服务，统一为该社成员代购配送农药、农膜、化肥以及优良品种，是合作社开展产前、产中、产后系列化服务的一种真正体现。通过统一代购配送农资，不仅可以减少成员生产成本，让成员一心一意搞生产，而且也可以避免假冒伪劣农资给成员造成经济损失。

(5)制定统一的农产品质量标准。农业生产的技术标准和产品质量标准，直接关系到农产品的质量安全和品质优劣，它不仅涉及产品的使用效能和市场价格，而且直接牵连着商品的销路和产品的声誉。各合作社在制定生产技术标准、产品质量标准和具体操作规程时，应主动征求政府相关部门的意见，使标准和规程更具有实用性和权威性。

(6)做好合作社农产品特色包装的设计。产品包装是产品生产的延伸，利用产品的特色包装不仅可以保证质量，也可以扩大销路提高价格。在当前市场竞争日趋激烈的条件下，生产者若不改变传统的经营模式，很难提高市场占有率，只有在确保产品质量的同时，不断更换包装花样，适应广大消费者的心理需求和消费需求，才能争取更多的市场份额，才能战胜对手立于长盛不衰之地。

(7)成员农产品要实行统一销售。要实现合作社盈利二次返还，最大化地提高产品价值，达到农民增收的目的，合作社成员生产的产品，应在章程约定内由合作社组织收集，并对初级产品进行分级、筛选、包装后统一推向市场，有些产品还可以通过精深加工后投放市场，这样有利于提高农副产品的附加值，也可以解决一家一户产品卖难问题，更能体现建立农民专业合作社的真正价值。

(8)注册申报知名品牌。农民专业合作社要有自己的品牌。随着合作社产品的优化升级和知名度的提升，要积极做好无公害农产品、绿色食品、有机食品和知名商标、驰名商标的申报工作，要在亮出自己的优势，打造自己的品牌上进行升华。

(9)财务核算要做到规范并定期向成员公开。农民专业合作社作为互助性经济组织，每次经济活动都离不开财务会计核算。规范合作社的财务管理工作，是保证广大合作社成员合法权益的基础性工作，各合作社要按照财政部制定的《农民专业合作社财务会计制度》，设立好三本账，即合作社总账、明细分类账、社员台账。要严格凭证的审批手续，充分发挥监事会的职能，定期向成员通报财务状况，实现民主理财。

(10)年末决算实行盈利返还。合作社发展的终极目标是实行盈利二次返还。各合作社一定要依照《农民专业合作社法》和章程约定，切实制定好年终收益分配方案，做好年度财务决算，召开成员大会或成员代表会议，通过分配方案，公开分配结果，使年终收益分配和盈利二次返还更加公开、更加透明。

①小华从马总那学到了什么？请帮小华整理出来。②小华的合作社在运行中还需要抓好哪些工作？③小华作为理事长重点要做什么工作？④小华的合作社怎样抓好标准化生产？⑤如果你是小华，请提出新产品创意。

3. 模拟实训运行

按照训练的标准流程运行，各个项目内容必需的时间由各小组

具体设定。

(1)训练规则说明(建议时间10～15分钟)

主要是让学生明白为何要训练，训练什么，训练目标是什么，训练规则是什么，如何进行训练，如何进行考核，谁负责，多长时间完成等训练必需的内容。

(2)分组及任务分解说明(建议时间10～15分钟)

按照训练规则与班级人数分组，角色扮演。经过准备后进行。

(3)上任与面对问题(背景案例及可能遇到的各种问题)(建议时间15～20分钟)

①背景案例【3-12】中小华从马总那学到了什么？帮小华整理出来。

②小华的合作社在运行中还需要抓好哪些工作？

③小华作为理事长重点要做什么工作？

④小华的合作社怎样抓好标准化生产？

⑤如果你是小华，请提出新产品创意。

⑥帮小华整理一下学习本章的收获。

(4)分析、创意会议与策划方案设计(建议时间80～100分钟)

对以上遇到的问题召集小组会议，逐项进行分析、讨论，制定出方案并书写完善。

(5)讨论点评与修改完善(建议时间20～30分钟)

通过小组讨论点评与总结及讲师点评；找到不足之处在哪，如何改进的建议等，修订完善方案。

(6)对各个小组考核评价(建议时间20～30分钟)

考核组对各个小组上交的材料，结合考核组对其实际记录及表现进行评价。各个小组需上交给考核组的材料主要有：训练议程安排；分组分工及角色扮演名单；所面临的问题清单；每个问题的解决方案；会议记录；各角色与小组训练活动总结报告；等等。考核组对每个小组及个人的实际表现、内容掌握深度、目标实现度等做记录。

案例分享与思考

案例【3-13】

新疆三汇农产品产销专业合作社

新疆三汇农产品产销专业合作社由昌吉州七个县市的12位农民专业合作社理事长联合发起，于2011年4月在新疆昌吉国家农业科技园区注册成立，注册资金5 000万元，工商局登记社员169人。社员主要来自昌吉州七个县市及阿勒泰、阿克苏和山东青岛。该合作社是新疆成立的第一家跨省、跨州、跨县的农民专业合作社，旨在发挥资源捆绑优势，联合应对市场，规避合作社单个规模小、市场竞争力弱、单打独斗的风险。

合作社主要从事农畜产品种植、养殖；农畜产品直销、冷链贮运；设施农业、育苗、育种；农资供应、农技推广等业务。目前拥有苹果、吊树干杏、圣女果、核桃、葡萄、辣椒、大米、蔬菜、豆类、向日葵等种植基地36 000亩；拥有鸵鸟、雪雁、孔雀、土鸡、三黄鸡、有机羊养殖基地；拥有日光温室大棚2 100多个；并在昌吉市建立了第一家“新疆三汇农民专业合作社农产品直销中心”。合作社成立以来，致力于“五抓”：

第一，抓制度。三汇合作社是一个联合社，股东由来自全州七个县市的12位合作社理事长组成，大家走到一起来，如何才能心往一处想，劲往一处使，拧成一股绳？这是大家最担心也最关心的事情。理事会经过研究，决定从制度入手，形成用制度管人管事的机制。除了学习有关法规、开会探讨外，还多方拜访新疆笑厨公司、金鑫生物、泰昆集团等一些规模较大、经营规范的企业，认真学习他们先进的管理理念和成功的经验做法。在此基础上，着手起草各项规章制度，旨在用现代企业管理制度，确保合作社健康发展。

第二，抓市场。虽然前期的直销中心还没有正式开业，但营销人员早已开始进行市场调研。他们深入乌鲁木齐、昌吉等地各大超市、农产品批发市场了解市场信息；考察新疆西域果园，参观产品展示展销中心。在调研的基础上，进一步确立了三汇合作社的远景发展目标：一是在乌鲁木齐、昌吉及国内一些城市建立“新疆三汇农民专业合作社农产品直销中心”；二是与大超市、大企业、大专院校、部队、食堂进行“农超、农食、农企、农校”对接供应；三是产品销售到国内各大城市及出口中亚国家；四是建立和完善农产品生产、加工基地，使合作社社员覆盖新疆各地。

第三，抓人才。合作社作为企业，没有一支业务出众、本领过硬的人才队伍支撑，就难以实现持续发展。通过广告公开招聘财务、营销、网络、流通等各种紧缺人才，报名者达100多人。目前重要岗位录用的人员大多是本科学历。此外，合作社还聘请青岛农业大学合作社学院李中华院长为名誉理事长，定期对社员进行培训，为合作社的长远发展提供智力支持。

第四，抓品牌。三汇合作社的发起人都有自己的合作社，都有自己的商标和品牌，也都有自己的基地。这么多的品牌、商标怎么办？既然大家联合起来，品牌是不是也要整合？理事会经过协商决定，今后凡是经三汇合作社销售的农产品将统一使用三汇的品牌和包装，避免了杂乱现象。

第五，抓产品。直销中心装修完毕后，即开始抓紧进货，一楼主要展示昌吉州各县市优秀合作社的特色农产品；二楼主要展示新疆优秀农民专业合作社的产品。只要来到这里，就等于把全疆优秀合作社都走了一遍。为给各族群众提供最优质、最安全、最放心的农产品，合作社要求，凡进入直销中心的产品都必须经过认证。力争通过直销中心这个平台和窗口，立足昌吉，逐步与全疆的优秀合作社结为伙伴，走联合发展之路。

分享与思考：根据以上合作社案例，总结出“三优一缺”，即写出此合作社三个以上值得你学习的优点，同时思考此合作社还有一个以上需要改进的地方。

案例【3-14】

新疆和硕县晟合张杂谷种植农民专业合作社

新疆和硕县晟合张杂谷种植农民专业合作社，成立于2013年9月，是一家集种植、养殖于一体的国家级示范专业合作社。“张杂谷”是河北省张家口市农科院选育的杂交谷子，张家口市农科院坚持杂交谷子科研攻关40年，首创“谷子光（温）敏不育两系法”，被誉为“南有杂交稻，北有杂交谷”。

2010年，“张杂谷”在全国11个省区累计推广面积达400万亩，并已推广至埃塞俄比亚、埃及、尼日利亚等15个非洲国家，受到联合国粮农组织总干事的重视，并在中国成立了“国际杂交谷子培训中心”。

2011 年，张杂谷由张家口援疆前方指挥部引进到和硕。

2012 年，合作社相关发起人在县农业局带领下，试种张杂谷80 亩。

2013 年，成立合作社，制定“张杂谷天山工程”目标，组织社员种植张杂谷 500 亩，产出谷子 175 吨，加工小米 110 吨，销售额达 99 万元。

2014 年，合作社张杂谷的种植面积已超过 2 000 亩，建立年产 5 000 吨的加工厂一座。2014 年 5 月合作社通过和硕县河北援疆办及和硕县领导的安排，同河北省张家口市北宗黄酒酿造有限公司进行了业务洽谈，同年 7 月，合作社与河北张家口北宗黄酒酿造有限公司正式签订了小米订购及酿造合同，成功地给“陈谷子”问题找到了一条新出路——“酒还是陈的香”。2014 年，产出谷子 712 吨，加工小米 447 吨，就在当年合作社还积极开展电子商务模式，并建立了合作社自己的网站及微信公众号，2014 年总计销售额达 450 万元以上。

2015 年，张杂谷在和硕种植面积已达 10 000 亩左右，并带动北疆及周边县域种植近万亩（库车 4 000 亩左右，轮台 2 000 亩左右，农二师 24 团 100 亩）。两代会上，张杂谷之父赵治海教授带去的张杂谷受到了李克强总理的好评，随后，张杂谷又引起了自治区领导的重视。2015 年 4 月，合作社与河北张家口农科院签订了张杂谷项目合作开发协议。同年 9 月，合作社理事长陈学亮带领 15 名农民赴河北张家口农科院谷子研究所进行了观摩学习。2015 年，张杂谷长势良好，加上 2015 年雨水充分，单产已达 500 千克以上，当年产出谷子 1 452 吨，加工小米 898 吨，全年销售额已接近 700 万元。同年年底，合作社被评为“自治区级农民专业合作社示范社”。

2016 年 9 月，由合作社理事长陈学亮带领合作社骨干邓诗华、唐学善、郭成业三人前往陕西榆林、内蒙古及河北省进行考察学习。年底合作社“晟合”商标被评为“巴州知名商标”。2017年，新一批援疆工作开展以来，进一步加大对张杂谷产业的扶持力度，积极引进谷子新品种“张杂谷13号”，种植面积进一步扩大到13 000亩以上，合作社还自主研发了精量播种技术，使每亩地用种量下降到160～180克。合作社又制定出张杂谷未来5年发展目标，按照“高产、优质、高效、绿色”现代农业发展方式，加快优质品种引进推广，提高机械化作业水平，延伸产业链，发展种养加循环农业，提高综合效益，开拓市场，拓展微商、电商和农超对接，扩大营销，5年内发展谷子面积50 000亩，直接带动种植农户1 000户，实现农业总产值1亿元，将天山小米打造成继“三红”产业后的又一“金色产业”。为实现这一目标，2017年合作社投资700万元引进新型低温冷碾设备流水线，进一步提高产品品质，将生产量提升至20 000吨/年。同年，公司又申请了“张硕”商标。

2017年10月12日中央电视台7套致富经栏目为张硕天山小米进行专题报道。2018年，县政府投入资金，将公司打造成和硕县现代化农业产业扶贫基地，目前，公司已吸纳贫困户10户为公司工人，已为47户贫困户担保扶贫贷款235万元，并已带动建档立卡的贫困户232人。

2019年7月18日，胡春华副总理在《人民日报内参》第670期《让“张杂谷”飘香在南疆大地上——河北援疆干部久久为功把小谷子做出大产业》上做了批示，之后，河北省各级领导均做了批示，要求有关部门更好地推广“张杂谷”产业的发展。2019年9月，张家口市委书记回建同志带队，同和硕县人民政府以及合作社举行了成立“杂交谷子新疆发展分院”的签约仪式。同年10月，河北省发改委批给公司200万元，用于成立“杂交谷子新疆发展分院”，以及进一步提升合作社的机械化能力，为杂交谷子在新疆的发展奠定了科技基础。

2020年，绿色食品认证证书申请成功。9月，成立“张家口市农业科学院谷子研究所新疆分所”，同年合作社产品被评为国家扶贫产品，合作社产品在市场上供不应求，年销售额达1 185万元。

2021年4月，合作社被评为“自治区脱贫攻坚先进集体”。同年，合作社谷子种植面积不断增加，种植范围不断扩大，除了在和硕县域内种植，谷子种植区域已经扩大到全疆范围，包括阿克苏、喀什等地区，年销售额达1 991万元。

合作社以绿色种植、全程管控做导向，在合作社的原基础上形成种植、加工、销售及电子商务营销一条龙的产业格局，成为以电商批发为主的供应链企业。合作社还将利用加工小米的副产品粗糠及细糠开展社员家庭式的特色养殖，发展订单农业，努力打造广大农民脱贫致富奔小康的一条新路子。

分享与思考：根据以上合作社案例，总结出“三优一缺”，即写出此合作社三个以上值得你学习的优点，同时思考此合作社还有一个以上需要改进的地方。

案例【3-15】

新疆昌吉市新峰奶业专业合作社

一、基本情况

新疆昌吉市新峰奶牛养殖专业合作社成立于2009年5月12日，是由法人张峰及其他11位社员共同出资350万元建成。合作社位于昌吉市阿什里乡努尔加村，一、二期占地面积165亩，东临三屯河，南面和西面两侧均为天然牧场，北侧距居民点500米。一、二期建设已完工，建成 17 栋钢构一体的圈舍 9 600 平方米，320 平方米的现代化挤奶厅一座；成品饲料储备库 150 平方米，饲料加工车间 300 平方米；为了给员工提供创造良好的休息及办公环境，建办公室及宿舍各一栋。现合作社奶牛存栏数已达 2 150 头，日产优质鲜奶 16 吨。合作社成立两年来共吸收社员 120 户；有工作人员 45 人，其中当地牧民 35 人，管理人员 4 人，技术人员 6 人。

二、运行模式

一种是半托管养殖的模式。由合作社无偿提供场地、圈舍及配套设施等，养殖户将奶牛托在合作社，实行“六统一”的管理模式进行管理(即：统一饲养、统一防疫、统一保险、统一销售、统一结算)。另一种是全托管养殖模式。全托管养殖的模式是以奶牛的产奶量为基准进行定价，由合作社集中养殖和管理，合作社每年按托养的奶牛平均产奶量付给社员托养费及红利(所谓的以量定价指的是以奶牛泌乳期的平均值作为参考值，平均产奶量为 30 千克的 1 头奶牛，合作社每年给付牧民 3 600 元；平均产奶量为 25 千克的 1 头奶牛，合作社每年给付牧民 3 000 元；而平均产奶量为 20 千克的 1 头奶牛，合作社每年给付牧民 2 400 元)；对于托管期内奶牛所产犊牛的所有权归属于合作社。合作社统一购买饲料，平均每头奶牛年节省饲料费 400 元；合作社通过模式化养殖技术和管理，可以大幅度提高奶牛的品质，鲜奶的价格由原来的每千克 2.6～2.8 元提高到 3.0～3.2 元，比市场价每千克平均高 0.4 元，实现了养殖户和乳品加工企业双赢的目的，合作社成员比非成员户均增收 1 000 元/头。社员的利益得到了有效的保护，越来越多的养殖户要求加入合作社。

三、作用成效

1. 促进了当地主导产业的形成

阿什里乡位于昌吉市西南30千米处，是一个农牧结合的乡镇，居民95%以上是哈萨克族，大部分村民都有着养奶牛的经历和经验，但因为没有组织起来，奶户只能自产自销，分散式经营，更没有所谓的规模化和标准化，收益非常低。昌吉市新峰奶业合作社的成立打破了这种局限，使当地的奶业得到了进一步的发展，并成为当地农牧民增收的主导产业。

2. 增加了农牧民收入

合作社通过统一购买饲料，平均每户成员年节省饲料费400元；统一运输鲜奶，平均每户成员年节省运费1 000元；统一收购鲜奶，合作社成员比非成员户均增收1 400元/头。

3. 提高了成员素质

通过参与合作社的建设和管理，社员在掌握科技、分工协作、组织管理、市场营销、对外交往以及民主决策等方面得到了实践锻炼，他们在自我组织、自我服务、自我管理等方面的能力得到了明显的提高。

经过两年多的不懈努力，昌吉市新峰奶牛养殖专业合作社在短短的两年内，发展成为占地650亩，奶牛存栏1 250头，年产鲜奶5 000多吨的现代化养殖企业，带动了周边300多户牧民从事奶牛养殖，转移农村剩余劳动力45名，使当地牧民65%的农副产品实现了自产自销。昌吉电视台、新疆电视台对此进行大量的宣传报道，昌吉市领导曾多次到基地视察指导工作。在2010年合作社被评为“国家级标准化养殖小区”。

四、下一步打算

(1)合作社将投资扩建圈舍和标准化的挤奶厅。进一步扩大合作社奶牛的存栏数,真正通过规模养殖提高经济效益。

(2)进一步完善饲料加工和配送功能。努力为合作社成员提供更完善、更优质的服务,让社员得到更多的实惠。

(3)在养殖小区已达到人畜分离的前提下,要建成花园式的小区,同时向上级有关部门申请产品认证,打造自己的品牌,在加工销售领域做文章,挖掘更广阔的市场空间。

分享与思考:根据以上合作社案例,总结出"三优一缺",即写出此合作社三个以上值得你学习的优点,同时思考此合作社还有一个以上需要改进的地方。

第四章

发展壮大农民专业合作社

案例【4-1】

新疆奇台县力达出口蔬菜营销专业合作社

新疆奇台县力达出口蔬菜营销专业合作社组建于2008年7月，为适应市场经济发展要求，提高农民生产经营的组织化程度，增加社员收入，实现扶贫帮困、共同致富、走共同富裕之路，由陈新来发起，召开社员大会成立该社，定名为奇台县力达出口蔬菜营销专业合作社，入社社员105人。合作社在当时主要服务区域为三乡六村一城区，带动农户780户，建成了两万亩地的蔬菜出口基地，统一生产的蔬菜产品有土豆、洋葱、晚秋辣椒和萝卜、大葱等，产品远销吉尔吉斯斯坦、哈萨克斯坦、俄罗斯、蒙古四国，在疆内销往乌鲁木齐、昌吉、独山子等地。合作社扶贫帮困、共同致富、抱团经营的模式，受到各级党委、政府表彰，2012年获得中国科学技术协会颁发的“科普惠农兴村”先进单位荣誉称号。2013年获得中华全国供销总社颁发的“全国农民专业合作社示范社”的荣誉称号，同时，区、州、县、乡各级党委、政府也进行了宣传表彰。合作社所做的工作不仅产生了经济效益，也产生了一定的社会效益。合作社这种抱团经营的模式与县委、县政府号召的依靠农民专业合作社组织实施农业产业化经营的政策引导不谋而合，这种模式是成功的。

合作社的经营规模也由小到大，社会影响力也是由弱到强，同时合作社社员由组建时的105人到2015年年底增加到1 440人，带动农户由780户增加到2 600户。

合作社按照社章的规定，合作社的组建就是提高农民生产经营的组织化程度，要坚持增加社员收入，实现扶贫帮困，抱团经营，走向共同富裕的原则。合作社理事长陈新来对合作社入社社员的家庭经济收入状况了如指掌，合作社1 000多户社员中有5%的社员家庭收入差，其中有6户社员，因家庭的特殊情况人均收入不到2 800元，在2012年、2013年被自治区扶贫办、昌吉州扶贫办列为贫困户，属帮扶对象，力达专业合作社理事长陈新来决定按社章中的规定，扶贫帮困，带领他们共同致富。对以上社员积极给予协调土地流转经营承包，对种植的土豆、大葱、洋葱、青萝卜、黄萝卜、辣椒及各种蔬菜销售难的社员一律由合作社的下属公司给予收购储存和销售。这几家贫困户经过两年多的帮扶，到2016年，人均收入达到5 000元以上，合作社的精准扶贫工作，得到了贫困户的认可，也得到了合作社全体社员的赞扬，受到了上级政府的表扬。

力达专业合作社为适应市场经济变化和需求，为转变经营模式，增加经济效益，合作社理事会决定以合作社为主体，申报注册成立奇台县力达配送（中心）有限公司，按照公司＋合作社＋农户的运营模式，使种植和销售都能齐头并进，强势发展。

力达配送（中心）有限公司现已成为提供蔬菜种植、储藏、烘焙、加工、购进销售、物流配送、网络建设、信息平台服务等的新型企业。①公司的主要经营业务。服务于北山煤电煤化工园区的工矿企业和城区的机关、学校、部队、酒店，了解各单位的后勤生活需求，及时反馈供求信息，保质保量、物美价廉、随需随供，做好需求商品的配送供应工作，生产加工杂粮面粉，提供优质的无公害的绿色食品。②公司主要经营的大类商品。糖、酒、茶、食品饮料、日用百货、劳动保护用品、粮油蔬菜、干鲜瓜果、肉类及副食调味品，杂粮面粉等。③服务网络建设情况。公司除服务上述各大单位外，还是政府惠民工程惠民店的唯一运营商，公司现有惠民店 30 家，全部由公司经营管理，根据两年来的经营情况，经济效益良好。

合作社现有经济实体六个：①奇台县力达配送(中心)有限公司；②力达万亩出口蔬菜基地；③力达蔬菜辣椒烘干厂；④大面积推广普及保护地栽培推广温室蔬菜大棚 31 个；⑤小杂粮精细加工厂一个；⑥冷藏保鲜库一座。合作社现有固定资产达 1 100 万元以上。

为将各经济实体做大做强，合作社将一如既往秉承“以人为本、管理领先、开拓创新、服务社会、服务市场”的经营理念，并不懈地为之努力，更进一步地向管理要效益，为奇台地区社会经济发展做出贡献。

请大家分析：(1)合作社如何发展与壮大？从这个案例中你学到了什么？(2)此合作社的农产品为什么能出口？(3)合作社的经济实体有什么内在关联性？(4)试着给此合作社做个五年发展规划。

本章将学习农民专业合作社运行中的主要问题与对策分析、国家对农民专业合作社的支持政策及农民专业合作社发展规划编制等知识要点，通过案例实训，促使合作社不断地发展壮大。

第一节　国家对农民专业合作社的支持政策

一、农民专业合作社运行中的主要问题与对策

（一）合作社运行中的主要问题

（1）对合作社缺少认识，对合作社的发展没有明确的目标。

（2）数量较多，但总体运行质量不高。

（3）多数合作社成员偏少，规模较小，无经济实力，服务层次低，市场竞争力，无发展后劲，缺少带动力。

（4）多数合作社财产关系不明确，合作松散，凝聚力差。

（5）民主管理意识缺乏，多数合作社成员只是徒有虚名，并没有起到作用，“能人”主导合作社，唱独角戏。

（6）多数合作社较少开展活动，也无合作内容。

（7）内部管理的各项制度不健全，或者制度执行不好，没有按章程和制度开展经营活动，运行不规范。

（8）整体发展不够平衡。有区域、规模、从事产业、收入等发展的不平衡。

（9）合作社缺少规划与规范。

（10）在外部环境方面，自上而下还没有真正形成财政、税收、金融等一系列扶持合作社发展的长效机制和良好环境，合作社面临的缺人才、缺资金、缺技术的困难将长期制约合作社的发展。

(二)合作社运行中的对策

把合作社当作企业来经营。宏观上政府指导,微观上自主经营。

1. 宏观方面

继续加强宣传合作社的基本政策;继续加大合作社基本知识、经营管理、实用技术等业务的培训;深入开展和指导合作社规范化建设,加快信息化建设;精心抓好示范社建设,扩大示范带动效应;继续加强扶持,重点扶强扶优;整合提高,推动同类、同业合作社合并重组和再联合;积极争取政府支持,推动全社会关心关注合作社发展;合作社自身加强管理。

2. 微观方面

不断拓宽经营范围,提高服务能力;以市场为导向,生产优质、安全的农产品;实施标准化生产,推动产业升级;实施品牌战略,扩大产品营销;创办经济实体,进行产业化经营;通过整合重组,与农业龙头企业对接合作,扩大经营规模;认真做好合作社发展规划,逐步实现合作社服务与经营的目标。

二、国家对农民专业合作社的支持政策

《中华人民共和国农民专业合作社法》(2017修订)第八章规定了支持农民专业合作社发展的扶持政策措施,明确了产业政策倾斜、财政扶持、金融支持、税收优惠等扶持措施。

(一)优惠政策

(1)合作社可以享受的土地流转补贴。

(2)税收减免优惠。专业合作社销售成员生产的农业产品和向该社成员销售农膜、种子、种苗、农药、农机免征增值税,一般纳税人从农民专业合作社购进的免税农业产品,可按13%的扣除率抵扣增

值税进项税额(《财政部、国家税务总局关于农民专业合作社有关税收政策的通知》财税〔2008〕81 号)。

(3)用水用电优惠。规模化生猪、蔬菜等生产的用水、用电与农业同价;电力部门对粮食烘干机械电费按照农业生产用电价格从低执行。

(4)金融优惠服务措施。如提供惠农合作社贷款措施、提供惠农合作社保险、农业保险保障措施等。

(二)补贴类政策

(1)农民专业合作社法的相关规定。《中华人民共和国农民专业合作社法》(2017 修订)第五条明文规定,农民专业合作社“对由国家财政直接补助所形成的财产享有占用、使用和处分的权利”;第四十四条中提到可分配盈余“返还后的剩余部分,以成员账户中记载的出资额和公积金份额,以及本社接受国家财政直接补助和他人捐赠形成的财产平均量化到成员的份额,按比例分配给本社成员”;第六十五条规定,“中央和地方财政应当分别安排资金,支持农民专业合作社开展信息、培训、农产品标准与认证、农业生产基础设施建设、市场营销和技术推广等服务。国家对革命老区、民族地区、边疆地区和贫困地区的农民专业合作社给予优先扶助。”

(2)具体补贴措施。国家给予农业企业或合作社贷款补贴、购机补贴、种粮补贴、农资综合补贴等,中央财政衔接推进乡村振兴补助资金等,从 2003 年开始主要的农业补贴有种粮直补、农资综合补贴、生猪标准化规模养殖场(小区)建设、农业保险补贴、粮食最低收购政策、退耕还林补贴、草原生态保护补助等。

(三)专项扶持

国家为扶持某些产业拿出专项资金,扶持资金力度大,覆盖范围相对较小,需要在项目通知后申报争取。我国专项扶持比较多,如:

（1）农业综合开发贷款贴息项目，要求单笔贷款不得低于100万元且不高于6 000万元。

（2）农业综合开发产业化经营项目、土地治理项目，扶持资金80万～160万元。

（3）规模化养殖场、养殖小区、集中供气等沼气工程项目，扶持资金在20万～80万元。

（4）“菜篮子”产品生产扶持项目，扶持资金100万元左右。

（5）农业农村部发布的《关于开展2021年农民合作社质量提升整县推进试点工作的通知》要求，鼓励农民合作社依法向从事相关产业的公司等企业投资，以其出资额为限对所投资企业承担责任，参与乡村建设。鼓励农民合作社建设运营农业废弃物、农村垃圾处理和资源化利用设施，参与农村基础设施建设和文化建设。

（四）以奖代补政策

（1）加强示范合作社建设，深入推进国家级、省级、市级、县级示范社四级联创，以奖代补。

（2）加强对合作社规范化管理的力度。加强制度建设，对合作社各项制度健全，财务制度规范的合作社，实行以奖代补；开展“空壳社”专项清理。按照“清理整顿一批、规范提升一批、扶持壮大一批”的工作思路，采取摸底排查、精准甄别、分类处置、构建长效机制的工作方法，对“空壳社”进行专项清理。

案例【4-2】

“六有”合作社建设

新疆维吾尔自治区昌吉回族自治州自2009年起实施“六有”（有

独立的法人资格、有规范的组织规章、有紧密的合作关系、有较强的服务功能、有较大的经营规模、有明显的增收效果）农民专业合作社创建工作，推动了农民专业合作社健康快速发展。“六有”合作社建设的基本内容和要求是：

1. 有独立的法人资格

合作社要依法在工商局申请登记，取得合作社营业执照；在质量技术监督局申请办理，取得合作社组织机构代码证；在县市产业化局申请备案，接受产业化局的指导、扶持、服务和管理，每季度第一个月的15日以前向县产业化局报送组织情况、发展状况、经营和财务状况报表。合作社要有固定的办公场所和必要的办公设施，有公章、财务章、法人章、会计章和该社名称标志牌。

2. 有规范的组织规章

合作社要结合自身实际，参照《农民专业合作社示范章程》，建立健全“三会一章十二项基本制度”和“两个运行管理机制”。即建立健全成员（代表）大会、理事会、监事会（执行监事）“三会”组织机构；制（修）订完善合作社组织章程；建立完善成员大会（代表）制度、理事会制度、监事会制度、议事规则制度、成员管理联系制度、生产销售制度、财务财产管理制度、投资管理制度、盈余分配制度、培训教育制度、档案管理制度、社务公开制度等十二项基本制度；通过“三会一章十二项基本制度”建设，建立合作社“成员（代表）大会决策、理事会执行、监事会监督、成员团结合作”的民主管理运行机制和成员的“公积积累、股金分红、盈余返还”的利益分配机制。

3. 有紧密的合作关系

社员以货币、实物、经营权入股，合作社实行股份制经营。社员成为合作社的主人，享受生产在家，服务在社的合作成果。2009 年要求，成员基本股（权）不少于 2 000 元，核心成员出资额不少于 1 万元，成员80%以上的农产品(与合作社经营相关的)通过合作社组织生产、加工、销售。

4. 有较强的服务功能

合作社要有产前、产中、产后“四统一”合作服务手段和具体内容(2009年,要求至少有2项以上服务内容)。即统一农业投入品的采购和供应;统一生产质量安全标准、技术标准和技术辅导培训;统一品牌(注册使用商标)、包装和销售;统一产品和基地的认证认定。

5. 有较大的经营规模

合作社要有较广泛的社员、较大规模的经营和较多层次的合作。2009年要求,社员数量80户以上,资产总额50万元以上,年销售总额250万元以上。

6. 有明显的增收效果

合作社要有独立的财务核算和合法的盈余返还。2009年,要求社员人均收入比合作社周边非社员收入高25%以上。州产业化发展局将对评选为全州“六有”示范合作社,按照《自治州促进农民专业合作社发展的意见》精神,给予重点扶持。对开展“六有”创建的合作社,安排落实专人进行全过程指导服务,帮助协调解决实际问题。支持“六有”合作社参与农业产业项目建设,增强经营服务能力;支持引导“六有”合作社制定生产技术规程,开展标准化生产和产品基地认证认定,创立、注册农特产品商标和品牌,增强市场竞争力;支持“六有”合作社的农产品整理、分级包装,储存、保鲜、加工、销售,提高农产品附加值。

第二节　农民专业合作社发展规划

一、发展愿景与战略

(一)什么是愿景

愿景是组织对未来景象的一种描述，是组织成员共同的憧憬。它回答这样的问题:“我们想成为什么?”合作社的愿景就是，我们的合作社未来想成为什么样的合作社。

(二)发展战略

1. 战略内涵

战略就是企业为寻求和维持持久竞争优势而做出的有关全局的筹划和谋略，通过有效地组合企业内部资源和能力，以在变化的环境中确定企业的发展方向和经营范围，从而获得竞争优势的总体谋划。现实中如果没有竞争对手，就没有必要制定战略。制定战略的唯一目的是使公司尽可能有效地比竞争对手占有持久的优势。它包括:

(1)发现企业发展方向;

(2)确定企业发展目标;

(3)寻求实现目标的各种途径;

(4)发现实现目标途径中的各种障碍;

(5)判断哪些障碍可以克服，哪些障碍无法克服;

(6)提出解决障碍的原则与基本措施;

(7)形成策略与行动途径的组合——战略方案;

(8)提出策略与行动的次序——计划；

(9)战略评价与反馈。

2. 战略的特点

(1)全局性:企业战略是对企业各项经营活动整体的规划。即企业战略是以企业的全局为研究对象来确定企业的总体目标,规定企业的总行动,追求企业的总数量。它不是各项活动简单汇总,而是在综合平衡的基础上,确定优先发展的项目,权衡风险大小,实现企业整体结构和效益的优化。这是企业战略的基本特征。

(2)方向性:企业战略规定着企业未来一定时期内的基本方向,企业短期的经营活动都应在这一基本方向的指导下进行,并对战略的实施提供保证。企业战略不是对经营活动或外部环境短期波动做出的反应,也不是对日常经营活动(如销售量、劳动生产率、竞争者的价格等)所做出的反应。战略所关心的是“船只航行的方向,而不是眼下遇到的波涛”。

(3)质变性:企业战略是战略管理者在把握外部环境本质或根本性变化的基础上做出的方向性的决策。它不是企业对环境变化的应急反应,也不是根据各种经济指标或财务数据为基础的逻辑推理的产物,而是对企业经营活动做出的具有质变性的决策,其目的是要创造未来。

(4)竞争性:企业战略的核心内容之一,是要变革自身的经营结构,形成差别优势,以奠定未来竞争的基础。同时,企业战略不仅具有主动适应未来环境变化的功能,还具有改造未来环境的功能。在这方面的能力越强,未来的竞争能力也就越强。即战略还具有创造性和革新性。

(5)稳定性:依照科学程序制定的企业战略,一般不便轻易调整,对于战略实施过程中出现的多种不确定因素,一般只通过调整具体的战术或策略来解决。

3. 合作社的竞争战略

竞争战略又叫基本战略、一般战略。它决定合作社如何在所选定的领域内与对手展开有效的竞争。在行业竞争中，蕴藏着三种能战胜其他竞争对手的一般性竞争战略。即成本领先战略、差异化战略、集中型战略。

一是成本领先战略（我是同质价格最低的）。其战略思想是合作社力争以最低的总成本取得行业中的领先地位，并按照这一基本目标采用一系列的方针。实施成本领先战略，要求合作社标准化生产，规模化经营，提高管理水平，在每个环节加强成本与费用的控制，使合作社的成本低于竞争对手，依靠处于领先地位的低成本获得高额利润，使企业在竞争中占据有利的地位。

二是产品差异化战略（最有特色、独一无二的战略）。这种战略的指导思想是企业提供的产品与服务在行业中具有与众不同的特色，这种特色可以表现在产品、设计、技术特性、产品品牌、产品形象、服务方式、销售方式等手段的某一方面，也可以同时表现在几个方面。使企业产品形成差异化的方法有：一种是使产品的内在因素产生差异化；另一种是使产品外在因素产生差异化。内在因素的差异化是指企业在产品性能、设计、质量及附加功能等方面与竞争对手相区别，使产品别具一格，开创独特的市场。外在因素的差异化是要创造良好的商品形象，即要充分地利用产品的定价、商标、包装、销售渠道以及促销手段等方法，使其与竞争对手在营销组合方面形成差异化。

三是集中型战略（我是同行最专业的）。又称为集中一点或专业化战略。该战略通过满足特定消费群体的特殊消费需求，或集中服务于某一有限的区域市场，以此来建立企业的竞争优势及市场地位。

集中型战略最突出的特征是，企业专门服务于总体市场中的一部分，也就是对某一类型的顾客或某一地区性市场进行密集型的经营。

集中型战略包括三种具体形式：

一是产品类型的专业化。即企业集中全部资源来生产经营特定的产品系列中的一种产品；如可口可乐公司的产品战略。

二是顾客类型的专业化。即企业只为某种类型的顾客提供产品和服务。

三是地理区域的专业化。就是企业产品经营范围仅局限于某一特定地区。

案例【4-3】

新疆塞外红枸杞种植专业合作社简介

1. 概况

新疆塞外红枸杞种植专业合作社成立于2009年5月27日，位于玛纳斯县广东地乡，现有在工商局注册成员115人，实际成员115人，带动农户102户；出资总额为502.56万元，平均每个成员出资4.37万元。主要从事枸杞、其他各类农作物的种植与购销；为成员提供地膜、化肥、不再分装的包装种子；废旧地膜的回收，塑料颗粒加工，节水灌溉材料生产、销售与安装；引进新技术、新品种，开展技术培训、技术交流和咨询服务。

合作社建立健全了财务管理制度、理事会制度、监事会制度、档案管理制度、内部管理制度、社员大会制度等一系列管理制度。该合作社财务管理机制健全，理事会负责合作社的财务管理工作，接受监事会监督。按照“财务分开、民主监督”管理原则，做到账实相符、往来明晰、价格公开、分配公正、管理透明。

2. 合作社的经营范围和经营模式

塞外红枸杞种植专业合作社的理事长胡献利从事枸杞种植多年，信誉度较高。合作社有枸杞基地 1 000 亩，主要分布在广东地乡和包家店镇两大块。2010 年该合作社成功注册了“塞外红”商标。为了打造“塞外红”枸杞的品牌，该合作社已建成 800 平方米的枸杞深加工厂房，购置了筛选机、打把机和风机，同时建起了现代化的烘焙线，为保证枸杞的品质奠定了扎实的基础。

该合作社运作模式为合作社＋农户＋基地，2018 年枸杞产量 200 吨，产值 900 万元，2019 年进入盛果期，产量达到 300 吨。

3. 合作社发挥的重要作用和取得的成效

该合作社订制了盒装精品和袋装及黑枸杞的包装盒，用于定量精包装及黑枸杞的精品包装。该合作社 2016 年加入昌吉州供销社销售联盟；2017 年进入阿里巴巴销售平台，不仅在新疆有实体店，2018 年分别在河南的漯河市与陕西的西安市有专卖柜台。

由于合作社成员的共同努力，2013 年该合作社被评为昌吉州示范合作社，2014 年被称为自治区示范合作社，2015 年被昌吉州科技局评为科技先进合作社，2021 年合作社每人可收入 3 万多元的纯利润分红，同时也带动了周边的乡镇种植枸杞。

4. 未来发展规划

该合作社在枸杞干果的加工、包装、销售的基础上，今后的发展方向是改良新品种。不仅在干果上打造精品，同时建起枸杞的采摘园，增加农户的收入，使该合作社真正成为一个生产经营型、社会服务型、专业技能型三种为一体的新型职业农民生产专业化合作社。

二、发展方向

新疆合作社发展方向。按照创新、协调、绿色、开放、共享的发展理念，围绕粮食、棉花、林果、畜牧、区域特色、设施农业、休闲农业、乡村旅游等产业发展。

三、发展规划内容

（一）合作社现状

分析合作社目前所处现状。

（二）编制规划的原则

目标明确、可衡量、可实现、系统相关以及有具体时间进度（SMART 原则）。

（三）合作社环境分析

即分析宏观环境与微观环境。

（四）合作社发展目标

即规划期内要达到的定位、市场地位，经营绩效及社会效益指标等。

（五）合作社发展主要任务与步骤

可将目标分为几个阶段，制定每个阶段量化目标与措施。

（六）促进合作社发展保障措施

为实现目标，需要从资金、人员、机构等方面保障。

案例【4-4】

新疆尉犁县阿体兰牲畜养殖农民专业合作社发展规划

加快培育发展农民专业合作社，是农业经营体制的创新，农业产业化组织体系的完善，有利于提高农民进入市场的组织化程度，加快推进高效生态农业发展和农业产业化经营，全面提升农业的竞争力，增加农民的收入。为了进一步明确本合作社的发展目标，调动社员参与积极性，更加规范合作社的组织和行为，依据《中华人民共和国农民专业合作社法》，结合该合作社实际，特制订此发展规划。

一、合作社概况

新疆尉犁县阿体兰牲畜养殖农民专业合作社于2019年9月4日取得营业执照，合作社经营范围：养殖、育肥、饲料加工销售。具体为组织采购、供应成员所需的生产资料；组织收购、销售成员生产的产品；开展成员所需的运输、贮藏、加工、包装等服务；引进新技术、新品种，开展技术培训、技术交流和咨询服务等。合作社法人为艾比不拉·阿布力米提，现有社员9名，都由村里养殖大户组成。最多一户有500只羊，土地都承包给新疆利华棉业股份有限公司。有个成员是倒卖活羊15年，另一个在村里开了近20年的商店，还有一个村里担任了6年的会计工作，也有从事屠宰的社员，村里曾经准备办个屠宰场，场子建好了，手续没有办下来，这些成员都是当时屠宰场的发起人。合作社建立后讨论如何开发适合的、具有特色的及有长期竞争力的产品或业务，充分讨论后合作社筹建了一家小型饲料厂（经费由合作社带头人先垫付），开发出了育肥羊料和母羊饲料，从10月份开始开展了配合饲料产品的试制和试销，示范效果明显，现已推广了20吨，在合作成员共同努力下着手开展养殖育肥业初见成效，已卖出6头牛，400只左右绵羊和山羊，在当地销售不成问题。

二、合作社发展目标

发展壮大合作社规模，社员数量达到50个左右，在今后1～3年内将合作社的养殖规模扩展到1万只左右。

积极争取项目资金支持，建立规范化的现代养殖基地。养殖业具有良好的经济、社会和生态效益，符合国家产业政策，争取各级政府和金融机构大力支持。

建成羊饲料加工基地。拟定在养殖集散地兴建一个羊饲料加工厂，利用当地资源和农作物秸秆科学配方，生产优质饲料，促进羊的育肥壮膘。

将合作社建成尉犁县有一定影响力的综合性合作社，辐射带动周边的相关产业。为周边地区的农户提供优良高产羊，优质的饲料和先进的饲养技术，提高羊群素质和饲养管理水平，促进项目村及周边地区养羊业的发展，提高养羊的生产水平和科技含量，辐射带动项目村周边养殖场(户)，要进一步促进农村经济的发展和农民增收。

三、合作社优势分析

养殖业市场前景非常可观。养羊是一个投入低、受益长、风险小、利润大的产业。市场前景广阔，经济效益良好，社会效益明显。合作社所在地尉犁县高度重视畜牧业发展，把羊产业发展纳入了全县农民增收的重点，制定了全县农牧业发展优惠政策，做大做强羊肉产业，提升产品的市场竞争力和养殖户经济效益，增加农民收入，提升畜牧业在农民收入中的比重，加大扶持力度，扩大规模养殖，完善服务体系，扩展产业链条，加快品种改良步伐，增强群众养羊的积极性，使羊产业真正成为群众增收的主要渠道。合作社主营的养殖业符合国家产业政策和投资方向，能有效促进当地农业产业结构调整，促进农民增收，促进项目村社会经济的和谐发展，得到当地政府和群众的大力支持，建设条件具备，实施方案可行，市场前景广阔，经济效益良好。

创建了合作社健康持续发展的基本条件。尉犁县阿体兰牲畜养殖农民专业合作社是在经过认真调研和论证的基础上建立的，定位明确、起点较高，非常适合当地实际，具有很高的可行性。合作社带头人也是在多次考察的基础上被确定下来的。该养殖合作社从饲料厂的建立到羊新品种引进，项目方都给予了针对性的指导，并带领合作社主要成员参观北疆地区发展的养殖合作社，在帮助他们开阔视野、整理发展思路方面做了大量务实的工作。为了进一步提升带头人持续发展的能力，制定发展路径及问题解决办法，培养社员经营能力以及合作发展意识，还特意邀请具有多年培训新型职业农民、致富带头人、农民职业经理人，具备丰富理论和实践经验的新疆农业职业技术学院经济贸易分院的专家学者做进一步的培训和制定发展规划，为合作社健康持续的发展创造了基本条件。

合作社获得了当地政府的认可和支持。尉犁县阿体兰牲畜养殖农民专业合作社建立之初与当地有关部门进行充分的沟通，尤其是征求项目村的驻村工作队和村“两委”班子的意见。合作社经营过程中加强了沟通，得到了他们的积极支持。驻村工作队和村“两委”班子鼓励村民将自养的羊牛往合作社集中，推动了合作社进一步发展。同时，积极向上级部门申报养殖基地项目，为村里的合作社争取发展机会和资金。

合作社聘请了专业的团队对其经营管理进行指导。尉犁县阿体兰牲畜养殖农民专业合作社与新疆农业职业技术学院经济贸易分院签署了合作协议，校企双方共同参与、资源共享、优势互补、相互协作，共同发展，双方建立起长期稳定的合作关系，互惠互利，不断交流，共同发展。同时与乌鲁木齐美鲁克生物科技有限公司建立了长期稳定的技术合作协议。

四、促进合作社发展保障措施

（一）引进国内外良种肉用种公羊、肉用基础母羊，走高效养殖之路

选择适合的品种为湖羊。湖羊在太湖平原的育成和饲养已有八百多年的历史。由于受到太湖的自然条件和人为选择的影响，逐渐育成一个独特的品种，产区在浙江、江苏间的太湖流域，所以称为“湖羊”。品种形成于12世纪初，由蒙古羊选育而成。具短脂尾型特征，公、母羊均无角，体躯长，四肢高，毛色洁白，脂尾扁圆形，不超过飞节。终年繁殖。小母羊4～5月龄性成熟，营养良好的情况下可两年产3胎，每胎产羔2～3只。泌乳量多，羔羊生长迅速。成年羊每年春、秋剪毛两次。湖羊适应性强、生长快、成熟早、繁殖率高。可以用它同其他优秀肉用品种广泛地进行经济杂交。以充分利用它的这些优秀肉用特性，生产更多更好的优质羊肉。

（二）在养殖集散地兴建一个羊饲料加工厂

充分利用当地资源和农作物秸秆科学配方，生产优质饲料，促进湖羊育肥壮膘。扩大现有饲料厂的加工能力并逐渐建成上规模的饲料加工厂，与乌鲁木齐美鲁克生物科技有限公司对口联姻，进行技术交流，届时将有效缓解合作社放牧季节性饲料短缺及越冬困难，既保

证了存量，又为社员增加收入。饲料厂的建成投产后保障了养殖规模的扩大，可提高羊产量，又增加合作社收益。粗饲料为当地产的玉米秸秆、青(干)苜蓿、青贮(或微化和氨化料)玉米秸秆、麦草粉及其他可食性草料。

(三)积极争取项目资金，建立规范化的现代养殖基地

合作社坚持在品种改良、技术指导、信息传递、物资供应、肉羊销售等环节与社员合作双赢。积极争取当地政府畜牧部门支持，申请项目资金建立规范化的养殖基地完善硬件环境的同时，制定规范化饲养规程，推广防疫技术，让社员们从粗放养殖转化为科学养殖，扶持当地村民把养羊当田种，当产业办，当主导收入抓，让社员放心发羊财，促进养羊产业向规模化、标准化、商品化、产业化、现代化发展，采用现代化管理方式，提高综合管理能力，构建系统的运行管理长效机制。

(四)加大培训力度，从合作社带头人到一般社员都要进行专业化培训

新疆尉犁县阿体兰牲畜养殖农民专业合作社带头人虽然通过严谨的方式选拔出来，也有一定的经济实力和带头致富的愿望，具备了基本的与人沟通能力和初级的市场意识，但是因自身能力有限，带领社员解决合作社面临的问题方面缺乏经验和必要的管理知识及技能，尤其是探索开发市场、利用新技术从事生产经营更谈不上。大部分社员是村里养殖大户，都具有养殖经验，但基本上是粗放放牧，在科学饲养、品种改良、防疫技术方面满足不了合作社发展的需要，因此，需要有目的有计划地进行培训。

模拟实训

我们用“小华创办合作社的故事”案例为背景，系统地学习与掌握合作社建设与管理的知识和技能。

1. 模拟实训规则

(1)将学员分为5～6人一组的若干小组，各小组指定(或推荐)一名学员为负责人来组织训练活动，下一次活动时更换人员，力求人人都能得到训练。每个小组为一个相对独立班组，根据训练背景内容的不同，每人扮演不同的角色。

(2)训练内容与范围：各类合作社的管理者在一天中，可能遇到的各种与背景案例及本章内容相关的问题。

(3)小组活动的总时间定为4小时(其中1～2小时为小组开展活动的准备时间，不在训练方案时间表中体现)，由小组负责人与成员一起按照BEST训练标准流程讨论、制定训练方案时间表。训练方案时间表要求格式化，允许有10%的调整弹性。

(4)训练标准流程：①训练规则说明；②分组及任务分解说明；③上任与面对问题(本章中的案例及可能遇到的各个问题)；④分析与讨论会议；⑤制定解决方案；⑥方案要点讲解与小组讨论点评；⑦讲师点评。

(5)考核：①从各小组中各抽出一人组成考核组；②考核对象：每个小组、每个人(特别是小组负责人)；③考核内容：流程考核(小组是否按照训练流程进行训练)，时间考核(小组是否按照训练时间表进行训练)，角色考核(每人角色扮演的形式与实质技能考核)，团队与效果考核(小组整体表现)；④考核形式：考核组集体打分；⑤考核标准：形式性考核占40%(包括流程、时间、角色、需要的书面解决方案等)，实质性考核占60%(包括小组及个人的实际表现、内容掌握深度、目标实现度等)。

(6)保留各项记录。

2. 模拟实训的背景案例及场景

案例【4-5】

小华的创办合作社的故事(四)

小华听了马总对合作社在设立、运行中的工作重点的介绍,深受鼓舞。但对合作社未来向什么方向发展,如何发展,产生了迷茫。马总接着这个话题指出:合作社在提高阶段应立足长远,要在精深上谋发展。合作社在运行两三年以后,各项业务都已逐步开展起来,接下来将面对如何进一步发展的问题。一个具有生命力的农民专业合作社的带头人,在其具体的工作实践中,应该短期工作有计划,长期发展有目标。从目前农民专业合作社的发展趋势和国内经济发达地区农民专业合作社的运行现状来看,借鉴国际上农民合作社发展的经验,农民专业合作社要向提高运行质量转变,合作社之间的横向联合是合作社事业做大做强的必然走向。在合作社完成强基固本,达到规范运行之后,应把工作的着力点放在精益求精上,在深层次上谋划发展,在精深二字上谋求更大的发展。

(一)立足当前,规划长远,为合作社的持续发展找准坐标、明确方向

合作社的工作计划,尤其是经济发展规划,对于一个经济组织来讲是至关重要的。在制定年度工作计划和长远发展目标时,一定要按照本合作社的经营优势和生产特点,坚持实事求是、科学规划,要把实现广大成员增收致富的目标作为基点,把合作社搭建成为人人

平等、充分发挥广大成员智慧的平台，在此基础上，再设立一个目标值，作为合作社全体成员为之奋斗的方向而不懈努力。通常情况下，年度生产经营计划应在年度终了前，由理事会集体研究，提出工作方案，由全体成员大会或成员代表会议通过后执行；长期发展规划要在可行性研究论证的基础上，由理事会扩大会议提出方案，交成员大会讨论，形成决议，然后分步实施。

（二）提高品位，增强实力，走农产品精深加工谋求利益最大化之路

合作社发展农副产品加工业可以提高合作社经济效益，增强市场竞争力。这是因为：①农副产品经过精深加工后，不仅除去较多的杂质和大量的水分，而且更加便于包装和运输，其贮存时间将会更长，这样做不仅可以有效地避免短期市场波动，还可以适应市场对农副产品需求的调节；②随着人们生活节奏的不断加快和消费观念的改变，消费者对农产品的需求提出了更高的新的要求，诸如无公害农产品、绿色食品、有机食品等，都离不开农产品的精深加工和产品开发，这样的食品更受人们的青睐；③农副产品的精深加工，可以有效地提升农产品的等级和品质，经过加工后的产品一旦进入流通领域，就很容易找到适合的市场和消费群体，其产品附加值也随之增加。

（三）在纵向合作的基础上发展横向联合，切实把合作社的事业进一步做大做强

目前，农民专业合作社尚处在初始的起步阶段，要把合作社在又好又快的发展进程中，真正把事业做大做强。一是进一步加大对《农民专业合作社法》的宣传力度，切实扩大法律的宣传普及面，让广大农民深知法律的内涵和精髓，让农民自愿走向合作。二是鼓励现已注册登记的合作社，打破区域局限性，敞开大门，吸收有条件、能遵守

合作社章程的农民加入合作社,把合作社的规模扩大,要引导农民积极、自觉地向合作社投资,形成合力。三是引导中、小型合作社进行横向合并,或者同业合作社再进行联合,组建联合社或者产业总社,重新进行资源整合,扩大规模,增强实力,提升市场竞争力,提高知名度。四是建立各级农民专业合作社的组织网络,应成立县、区农民专业合作社联合会,帮助合作社开展维权和服务,向政府反映农民专业合作社发展过程中的情况和问题,协助政府有关部门指导合作社的发展工作。

总之,农民专业合作社只要做好设立、运行、提高三个阶段的关键工作,做到运行规范化、管理科学化,就能够让合作社事业健康发展。产业基础好、市场竞争力强、辐射带动范围广的农民专业合作社,将推动各地农业产业化快速发展。

①小华从马总这学到了什么?②小华的合作社怎样制定发展规划?③小华的合作社在发展中要注意哪些问题?④帮小华的合作社写一份典型汇报材料。

3. 模拟实训运行

按照训练的标准流程运行,各个项目内容必需的时间由各小组具体设定。

(1)训练规则说明(建议时间 10～15 分钟)

主要是让学生明白为何要训练,训练什么,训练目标是什么,训练规则是什么,如何进行训练,如何进行考核,谁负责,多长时间完成等训练必需的内容。

(2)分组及任务分解说明(建议时间 10～15 分钟)

按照训练规则与班级人数分组,角色扮演。经过准备后进行。

(3)上任与面对问题(背景案例及可能遇到的各种问题)(建议时间 15～20 分钟)

①背景案例【4-5】中小华从马总这学到了什么？帮小华梳理一个提纲。

②小华的合作社怎样制定发展规划？帮小华制定合作社发展规划。

③小华的合作社在发展中要注意哪些问题？

④帮小华的合作社写一份典型汇报材料。

⑤帮小华整理一下学习本章的收获。

(4)分析、创意会议与策划方案设计(建议时间 80～100 分钟)

对以上遇到的问题召集小组会议，逐项进行分析、讨论，制定出方案并书写完善。

(5)讨论点评与修改完善(建议时间 20～30 分钟)

通过小组讨论点评与总结及讲师点评；找到不足之处在哪，如何改进的建议等，修订完善方案。

(6)对各个小组考核评价(建议时间 20～30 分钟)

考核组对各个小组上交的材料，结合考核组对其实际记录及表现进行评价。各个小组需上交给考核组的材料主要有：训练议程安排；分组分工及角色扮演名单；所面临的问题清单；每个问题的解决方案；会议记录；各角色与小组训练活动总结报告等。考核组对每个小组及个人的实际表现、内容掌握深度、目标实现度等做记录。

案例分享与思考

案例【4-6】

新疆奇台县丰裕农业服务专业合作社

新疆奇台县丰裕农业服务专业合作社成立于2009年，有社员443户，注册资金2 000万元，2014年被评为国家农民合作社示范社，2021年入选农业农村部第三批全国农民合作社典型案例。合作社于2017年投资成立全资农业公司，并通过该公司作为控股股东，又投资成立了文化旅游公司、食品公司、品牌管理公司。旗下腰站子有机基地和产品同时获得中国、欧盟、日本、美国有机认证，子公司丰驿农业为昌吉州农业产业化龙头企业，主营产品腰站子面粉系列和食用油系列2大类8个产品入选全国“名特优新”名录。2021年实现产值3.2亿元，成员出资收益率25%。

为加速全村种植业发展，腰站子村党总支和村委会于2009年联合发起成立了奇台县丰裕农民合作社，开展规模种植、统一管理、集约发展。合作社采取“流转土地首年租金出资入社”的方式，吸纳流转土地农户成为合作社成员，既夯实了合作社发展基础，又增加了农户收入，实现了全村村民入社分红。自成立至今，合作社经营土地规模从几千亩扩大至18万亩，为确保粮食安全和现代农业持续稳定发展奠定了基础。

随着土地经营规模不断扩大，为进一步提高运营效益，增加成员收益，合作社确立了延伸下游链条、促进产业融合、打造自主品牌的发展思路。一是创办全资公司，实现产加销一体化经营。2017年全资创办新疆丰驿农业发展有限公司，主营有机面粉、有机手工拉面、绿色食用油、杂粮等四大类40多个品种腰站子系列农产品，2021年销售产值4 000万元；在奇台县城、乌昌、准东等地设立5家“腰站子”面馆连锁经营门店，专营合作社生产的有机小麦面粉、手工拉面等，受到广大消费者的青睐。二是投资乡村农旅，促进一二三产业融合发展。2019年成立丰驿文旅公司，投资2 500多万元建设小麦博物馆、麦田公园、游客接待中心、特色民宿等，随着腰站子3A级景区的创建，进一步提升了腰站子特色休闲农业的知名度，目前年接待能力可达近30万人次。三是创新组织模式，助力村集体经济组织发展壮大。2021年，合作社与腰站子村股份合作社共同出资1.5亿元，成立腰站子实业集团有限公司，合作社以经营资产入股、占股48%，村股份合作社以村集体固定资产入股、占股52%。通过集团化改革和经营，全体村民共同参与丰裕合作社和村股份合作社的分红，经济实力显著增强。

在合作社发展的带动下，腰站子村产业兴旺，常年在合作社、加工厂和公司稳定上班的村民有255人、季节性打工人员2 160人，入社成员年纯收入可达8万元以上。村集体利用从合作社获得的分红收益，对中心村进行绿化、亮化、美化建设，实行统一供电供暖，实现水冲式厕所全覆盖，生活垃圾和污水集中处理，村民的获得感、幸福感明显提升。腰站子村也荣获全国文明村、国家森林乡村创建工作样板村、全国乡村治理示范村等荣誉称号。

下一步，合作社将积极响应实施乡村振兴战略号召，稳定提高粮食综合生产能力，大力发展现代高效农业，促进一二三产深度融合。一产方面，继续扩大有机种植面积，持续提高种植效益。将腰站子村3.5万亩土地，全部转换为有机种植基地。二产方面，进一步扩大生产和营销能力。在扩建农业产业园、建设二期生产线的同时依托2021年底成立的腰站子品牌管理（杭州）有限公司，积极探索内地市场，不断提升“腰站子”品牌影响力，三年内计划销售额达到一亿元。三产方面，一是持续拓展腰站子面馆连锁模式，在全疆多地开办腰站子面馆；二是不断丰富休闲观光农业业态。建设游乐中心，打造花卉基地，建好麦田公园等设施，以驿站文化为核心，积极打造“四十里腰站子”这一文化品牌，走出腰站子特色致富路。三是以新疆丰驿文旅公司和腰站子村乡村振兴实训基地为载体打造“文旅＋研学”的乡村旅游新业态。建设农耕文化生活体验馆作为研学游基地烘焙、体验等场馆，建设占地4万平方米的腰站子村农耕文化广场，涵盖粮仓课堂、书屋、客舍和儿童游乐、亲子体验动物馆等设施。以乡村研学撬动乡村旅游。

分享与思考：根据以上合作社案例，总结出“三优一缺”，即写出此合作社三个以上值得你学习的优点，同时思考此合作社还有一个以上需要改进的地方。

案例【4-7】

新疆阜康市天山农机合作社

一、合作社基本情况

天山农机合作社成立于2009年，位于阜康市滋泥泉子镇中沟村，现有在工商局注册成员8人，实际成员150人，带动农户300余户，资产1 000多万元、注册资金55万元。主要从事以下业务：农业机械采购与销售、农机信息咨询服务、农业机械技术推广与培训、农业作业服务、农业机械租赁服务；为成员购买农业生产资料；提供农业工程相关的施工安装服务；提供农业机械修理服务。合作社现有配套农机具350台(套)，其中联合收割机12台，大中型拖拉机80台，实行订单作业。具备承接大面积联合收割小麦、油葵、玉米等农作物的能力以及大面积土地开发、平整、春种、秋播等任务。

二、合作社发展历程、发展模式或经验做法

合作社自成立以来，听党话、跟党走，能认真对待、落实并完成市政府、市农业农村局、农经局、乡镇各部门下达的各种工作和任务。统一作业标准，统一组织耕作，加强培训力度，进行实地操作演练，科学服务，带证上岗，始终把安全生产放在第一位。合作社依托社会化服务，农机购置补贴等各种惠农政策，为广大农户、合作社社员提供优质、高效、绿色的服务。使用各种农业化新机具，引进科学的新技术，因地制宜，综合当地环境，推广精量播种机、小麦种肥分离播种机、北斗无人驾驶应用、残膜回收机、各种植保机械、各种收获机械等，使阜康市农业机械化普及率高达90%以上。

三、取得的成效

自2009年成立以来，合作社始终坚持“民办、民管、民受益”的原则，本着为社员服务，为广大农牧民群众服务的宗旨，力求通过优质、专业的服务，进一步树立农机人的良好形象。该合作社在2012年被评为“昌吉回族自治州示范社”，在2015年被评为“新疆维吾尔自治

区示范社”，这些荣誉表彰提升了合作社的影响力。同时带动了合作社项目扶持资金向该合作社的倾斜，该合作社先后申报了农机系统、农业系统的合作社项目，争取财政补助资金80万元，其中农经系统40万元，农机系统40万元。相信随着项目资金的不断输入，该合作社将充分发挥示范带动作用，合作社的农机服务工作将向更高更广的领域拓展。具体成效体现在如下三个方面：

一是提升了农机化作业水平。增强了农业综合产业能力和提高了农业抵御自然灾害的能力，推动了传统农业向现代农业的转变，对促进农业增产，农业增效和农民增收发挥了主要作用。

二是推动了新技术应用推广。农机合作社的组织化、规模化优势，为农机化新机具新技术的推广应用提供了有效载体。该合作社引进的50台精量播种机、15台玉米收割机，120台自捡籽瓜取籽机，12台食葵脱粒机，15台牧草捡拾机，各类大马力拖拉机50台，通过这些农机具的引进使精量播种面积达到15万亩，玉米机械收获率达90%，进一步加快了新机具、新技术在阜康市的推广应用，经济作物生产等薄弱环节机械化能够取得实质性进展。

三是实现了经济、社会效益“双赢”。合作社社员可以实现信息资源共享、机具统一调度，统一行动、统一质量、统一价格、统一品牌，在服务中树立自身良好的形象，赢得市场的认同。农机专业合作社既可以通过实行连片作业，减少机车作业的空运转，降低作业成本；又可以通过参加跨区作业，提高了机械利用率，使农机效能得到最大限度的发挥。全程机械化作业，大量劳动力得到解放，从而实现了农机手与农户的“双赢”。

四、合作社未来发展规划

随着国家强农惠农富农政策的实施，阜康市农机社会化服务水平提升较快，综合机械化水平达到90%以上，合作社按照区域科学进行布局、以“公司+基地+合作社(农户)”为发展模式、将“耕、种、管、收、烘干、加工、售卖(电商平台)”多个过程进行综合来实现全程机械化服务方式、并以一二三产业融合发展为目标，对该合作社今后的发展做如下规划：

一是寻求政府支持。在我国经济持续快速发展、国家采取一系列惠农重农政策的背景下组建标准化、规范化大型农机交易市场及二手农机交易市场，做好规模化、诚信化经营。

二是大力开展农机社会化服务。力求让合作社的服务项目从单环节向综合服务和全过程服务发展，农机化作业订单服务方式快速发展，农机化服务经济社会效益不断。按照该合作社的发展思路，该合作社将建立“4S店”“农机大院”，以托管、半托管的方式确保该合作社能够提供全程性、全方位的机械化服务，其中托管、半托管的土地达到5万亩。并坚持做到“八个统一”，即统一机具停放，统一机具维修保养，统一作业调配，统一作业质量标准，统一作业收费标准，统一新技术、新机具推广，统一农机人员培训，统一单机核算，拓宽农机专业合作社的经营范围；组建维修服务站，把农机维修、零配件的供应、油料供应经销作为合作社发展的重要补充。

三是通过入股形式进行融资，以提升农机装备以及农机服务硬件设施水平。具体需要销售流转资金1 000万元、场地建设资金1 000万元、购买先进实用的农机装备资金2 000万元、其他服务性建设500万元。

四是进行土地流转或土地联营。流转或联营土地5 000～20 000亩，通过推行“订单作业”“统一经营”的作业服务模式，有效地实现土地家庭经营与机械化大生产的有机对接，促进土地的合理流转，实现适度规模经营，提高了劳动生产率、土地产出率和资源利用率。

五是注重农机操作实用人才培训。对农具机械维修人员、拖拉机驾驶员、农机技术技能人员、农用无人机飞防人员进行培训。

五、现阶段的待解决困难及问题

(1)资金来源困难;

(2)农业机械化及其自动化推广难度大;

(3)农机人才匮乏;

(4)建设设施设备所需用地难度大。

分享与思考:根据以上合作社案例,总结出"三优一缺",即写出此合作社三个以上值得你学习的优点,同时思考此合作社还有一个以上需要改进的地方。

案例【4-8】

新疆沙湾市宏基农机服务专业合作社

新疆沙湾市宏基农机服务专业合作社成立于2010年5月,位于沙湾市金沟河镇宋圣宫村,合作社占地面积4 600平方米。截至目前,合作社拥有社员36人,建有高标准机库机棚、烘干、维修及生产加工车间800平方米。合作社拥有便携式采棉机脱棉盘修磨机、升降式可移动棉花打垛机、一种采棉机、番茄翻秧机、一种打药机等7项国家专利。合作社是石河子职业技术学院实训基地,年实训学生人数80人。2016年宏基合作社荣获"全国农机合作社示范社",2017年理事长韩波被评为"全国农业劳动模范",2019年理事长韩波被评为"自治区优秀共产党员"。

合作社主要发展做法如下。

1. 大力购买农机进行设备升级换代

近年来，合作社积极紧盯高端农机装备和技术，购置国外大型先进农机具，不断优化装备结构，实现科技成果深度转化利用。2016年来先后购置美国凯斯5台500马力轮式拖拉机、卡特500马力履带式拖拉机、5台约翰迪尔CP690打包采棉机和1台凯斯“爱国者”3230自走式喷药机、贝松SPSL9液压连续保护犁，有力推进了农机化供给侧改革。

2. 积极开展自主创新和科研攻关，发挥能人带动效应

以宏基农机专业合作社理事长韩波为代表的年轻人在实践中不断改进创新，不断有新的发明成果，他对凯斯采棉机“棉箱升降系统、锁定系统、消防系统、凯斯3230型自走式等离子喷药机”进行的改造得到美国凯斯公司的认可，并用于凯斯新采棉机设计并投入使用，提高了棉花采摘效率，减轻了棉农负担。通过模范带头作用，让农民群众看到兴机致富的可能性和可行性。

3. 积极发挥“能人效应”，致富带富促增收

以土地为抓手，走土地合作共赢制，积极拓展经营范围，合作社目前流转土地面积25 000亩，都以棉花种植为主，其中核心基地金沟河镇宋圣宫村4 000亩。合作社通过“龙头企业＋合作社＋若干农业社会化服务生产经营组织”紧密地联系起来，促使合作社与企业抱团发展，且充分发挥土地合作社以及涉农企业在土地、装备、技术、资金、加工、销售、信息等方面的优势，整合各类资源，从生产端农产品种植标准入手，按照市场所需标准（即纺织企业用棉标准）进行原料生产，实施规模化种植、社会化专业化服务、品牌化经营，打通一二三全产业链，提升市场竞争能力和品牌影响力，营造棉花产业链生态圈，最终实现棉花产业节本提质增效。合作社大力培育棉花种植职业经理人，加强人力资本在农业生产经营中的作用，尤其在农业供给侧结构性改革中，充分发挥棉花职业经理人对农业生产方式和经营模式创新的推动作用。同时，结合农业综合服务站和农业专业服务公司等要素市场，进一步降低交易成本，提高产业分工水平和专业化水平，多管齐下、综合解决了种地难等问题。在土地合作社的实际运行中，市场在农业资源配置中发挥决定性作用，是农业资源配置的重要方式，是合作社成功运行的重要保障，按照市场化原则，实现自主谈判、自主决策、平等签约，对优化农业资源配置、促进合作社健康有序发展。同时，充分利用政府对土地合作社的改革力度和支持力度，完善相关配套政策。

土地合作社管理模式：①农户的参与是农村土地合作社形成的基础，农户主体地位的实现是合作社稳定发展的保障。通过召开成员大会选举方式，经合作社成员自己推荐选举合作社理事会成员，确定职责分工，明确工作任务，要求全员监督管理机制，对不符合生产要求的行为进行举报。定期向成员公示财务运行情况，使财务管理公开透明。重大工作通过理事会成员（核心成员）商议制定方案，再通过成员大会决议执行，形成工作目标一致透明，实际执行有力度，遇到问题执行处理快捷。提升农户的主体地位、保障农户的基本权利，赋予农户更多话语权、监督权、收益权等相关权利，激发农户参与合作社事务管理的积极性，提高合作社的运行效率，为农村土地合作社的发展提供制度保障。②合作社组织收集成员土地经营权小证并与合作社确定抵押协议，合作社统一在沙湾市土地交易中心更换为以合作社使用权的大证，以大证作为资质进行抵押生产贷款。③土地整合合作社管理，是实现统一生产经营，达到标准化、机械化、集约化、科学化、效益化的土地合作共赢，使得农户有了基本的土地分红收入保障，也能通过打工等其他方式获得经济收入，增加了农民收入、消除农村贫困,推动乡村生活富裕。④在现有合作社制度安排基础上,完善进入退出机制,在保障农户基本权利的同时增强合作社的稳定性,并进一步优化合作社内部经营控制权分配模式,完善治理结构,实现激励约束相容;以政府深化体制改革的各项惠农政策为合作社发展基础,创新农业保险制度、构建公共信息平台、完善农业市场体系、建立农业风险化解和农民增收长效机制,共同实现农村土地合作社的持续稳定发展和农业规模化、专业化经营。

4. 加强合作社制度建设

合作社制定了章程和规章制度,完善运行机制,定期召开社员大会和理事会会议,形成以制度管人管事的良好格局,逐步实现规范化运作、市场化发展。采取企业化管理模式,聘请专职财务人员,设立银行账户,财务收支统一管理。

5. 强化科技培训

合作社一方面依托沙湾市农机化技术学校的资源,另一方面利用石河子技术学院的校外实训基地的优势资源,加强社企、社校联合,对合作社社员和农机操作手,通过请进来、送出去、外出考察等方式,把国内外最前沿的科技理论、最成熟的科研成果纳入课堂,融入学员听得懂、看得见、学得来、做得到的典型事例之中吸收消化。

6. 积极参与农业供给侧改革

适应市委、市政府的号召,积极参加市域农机作业招投标工作,从耕整地、播种、施肥及采收等各个环节,实行标准化作业,不断提高作业水平和服务质量,使大型先进的农业新机具服务惠及广大农民,推动农机社会化服务良性发展。社企联盟下的合作社农机作业服务面积 20 万亩。

7. 积极参与生态环境治理

2017年，根据市政府统一安排，合作社承担自治区废旧残膜回收加密试点市项目。合作社前往玛纳斯、乌苏、阿克苏等地实地考察，对残膜回收机械进行改进：一是对弹齿式残膜回收机幅宽加宽定制，幅宽达到6.6米，提高作业效率；二是自主研发的残膜回收捡拾装载机，总投资16.9万元，通过示范区实地演示，效果好，可节省人工装卸，捡拾残膜的捡拾率可达90%；于2018年完成残膜回收作业2万亩，最终实现废旧地膜回收循环利用，为治理农村白色污染，建设美丽乡村做贡献。

8. 大力实施耕地深松技术推广

充分利用国家深松技术推广项目，该技术能有效改善土壤通透性，提高土壤蓄水能力，利用作物深根，起到涝能蓄水、旱能提墒的效果，并增加肥料溶解能力，改善土壤结构和肥力，实现农业增产增收。

9. 新建棉花加工厂，完善农业产业链

2020年年初经沙湾市人民政府批准，新建棉花加工厂一个即沙湾市宏基农业发展有限公司，公司占地面积114亩，2020年6月开始动工建设，于2020年9月底竣工，总投资3 800万元，工程建设1条生产线及车间、消防系统、办公用房、职工宿舍、库房、籽棉堆放场地，以及供排水、绿化硬化设施。以农业生产服务为基本依托，提升农户在产业融合发展中的参与度，探索并逐步完善与农户建立契约型、股权型利益联结机制，推行“公司＋基地＋合作社＋棉农”的社企联盟合作运行模式，让农民不再只是原料的供应者，而是后续产业的参与者、建设者、共享者。形成优势互补、风险共担、利益共享的农业产业化联合体。实现生产、加工、销售一条龙，走共赢制合作发展，打造自己的棉花品牌，参与期货加保险的销售模式，实行棉花单品、单垛、单轧，提高棉花品质，形成一个完整的产业链。由以前的籽棉销售变为皮棉销售，让老百姓在享受籽棉的分红后再享受皮棉带来的红利，最大程度的让老百姓得到实实在在的好处，为推进沙湾乡村振兴做出贡献。

分享与思考：根据以上合作社案例，总结出“三优一缺”，即写出此合作社三个以上值得你学习的优点，同时思考此合作社还有一个以上需要改进的地方。

附录

附件一　农民专业合作社示范章程

重庆市农业农村委员会于 2021 年 4 月 12 日发布了《农民专业合作社示范章程》具体内容如下：

本示范章程中的楷体文字部分为解释性规定，其他字体部分为示范性规定。农民专业合作社根据自身实际情况，参照本示范章程制订和修正该社章程。

＿＿＿＿＿专业合作社章程

【＿＿年＿＿月＿＿日召开设立大会，由全体设立人一致通过。】

第一章　总　则

第一条　为保护成员的合法权益，增加成员收入，促进该社发展，依照《中华人民共和国农民专业合作社法》和有关法律、法规、政策，制定本章程。

第二条　该社由＿＿＿＿＿＿【注：全部发起人姓名或名称】等

______人发起，于______年______月______日召开设立大会。

该社名称：________________合作社，成员出资总额______元。

该社法定代表人：________________【注：理事长姓名】。

该社住所：____________________，邮政编码：__________。

第三条 该社以服务成员、谋求全体成员的共同利益为宗旨。成员入社自愿，退社自由，地位平等，民主管理，实行自主经营，自负盈亏，利益共享，风险共担，盈余主要按照成员与该社的交易量（额）比例返还。

第四条 该社以成员为主要服务对象，依法为成员提供农业生产资料的购买，农产品的销售、加工、运输、贮藏以及与农业生产经营有关的技术、信息等服务。主要业务范围如下：（注：根据实际情况填写）

（一）组织采购、供应成员所需的生产资料；

（二）组织收购、销售成员生产的产品；

（三）开展成员所需的运输、贮藏、加工、包装等服务；

（四）引进新技术、新品种，开展技术培训、技术交流和咨询服务；等等。

上述内容应与工商行政管理部门颁发的《农民专业合作社法人营业执照》中规定的主要业务内容相符。

第五条 该社对由成员出资、公积金、国家财政直接补助、他人捐赠以及合法取得的其他资产所形成的财产，享有占有、使用和处分的权利，并以上述财产对债务承担责任。

第六条 该社每年提取的公积金，按照成员与该社业务交易量（额）（注：或者出资额，也可以二者相结合）。依比例量化为每个成员所有的份额。由国家财政直接补助和他人捐赠形成的财产平均量化为每个成员的份额，作为可分配盈余分配的依据之一。

该社为每个成员设立个人账户，主要记载该成员的出资额、量化为该成员的公积金份额以及该成员与该社的业务交易量(额)。

该社成员以其个人账户内记载的出资额和公积金份额为限对该社承担责任。

第七条　经成员大会讨论通过，该社投资兴办与该社业务内容相关的经济实体；接受与该社业务有关的单位委托，办理代购代销等中介服务；向政府有关部门申请或者接受政府有关部门委托，组织实施国家支持发展农业和农村经济的建设项目；按决定的数额和方式参加社会公益捐赠。【注：上述业务农民专业合作社可选择进行。】

第八条　该社及全体成员遵守社会公德和商业道德，依法开展生产经营活动。

第二章　成　员

第九条　具有民事行为能力的公民，从事__________【注：业务范围内的主业农副产品名称】生产经营，能够利用并接受该社提供的服务，承认并遵守本章程，履行本章程规定的入社手续的，可申请成为该社成员。该社吸收从事与该社业务直接有关的生产经营活动的企业、事业单位或者社会团体为团体成员【注：农民专业合作社可以根据自身发展的实际情况决定是否吸收团体成员】。具有管理公共事务职能的单位不得加入该社。该社成员中，农民成员至少占成员总数的百分之八十。

【注：农民专业合作社章程还可以规定入社成员的其他条件，如：具有一定的生产经营规模或经营服务能力等。具体可表述为：养殖规模达到______以上或者种植规模达到______以上，等等。】

第十条　凡符合前条规定，向该社理事会【注：或者理事长】提交书面入社申请，经成员大会【注：或者理事会】审核并讨论通过者，即成为该社成员。

第十一条　该社成员的权利：

（一）参加成员大会，并享有表决权、选举权和被选举权；

（二）利用该社提供的服务和生产经营设施；

（三）按照本章程规定或者成员大会决议分享该社盈余；

（四）查阅该社章程、成员名册、成员大会记录、理事会会议决议、监事会会议决议、财务会计报告和会计账簿；

（五）对该社的工作提出质询、批评和建议；

（六）提议召开临时成员大会；

（七）自由提出退社声明，依照本章程规定退出该社；

（八）成员共同议决的其他权利。【注：如不作具体规定此项可删除】

第十二条　该社成员大会选举和表决，实行一人一票制，成员各享有一票基本表决权。

出资额占该社成员出资总额百分之______以上或者与该社业务交易量（额）占该社总交易量（额）百分之______以上的成员，在该社________________等事项【注：如，重大财产处置、投资兴办经济实体、对外担保和生产经营活动中的其他事项】决策方面，最多享有______票的附加表决权【注：附加表决权总票数，依法不得超过该社成员基本表决权总票数的百分之二十】。享有附加表决权的成员及其享有的附加表决权数，在每次成员大会召开时告知出席会议的成员。

第十三条　该社成员的义务：

（一）遵守该社章程和各项规章制度，执行成员大会和理事会的决议；

（二）按照章程规定向该社出资；

（三）积极参加该社各项业务活动，接受该社提供的技术指导，按照该社规定的质量标准和生产技术规程从事生产，履行与该社签订的业务合同，发扬互助协作精神，谋求共同发展；

（四）维护该社利益，爱护生产经营设施，保护该社成员共有财产；

（五）不从事损害该社成员共同利益的活动；

（六）不得以其对该社或者该社其他成员所拥有的债权，抵消已认购或已认购但尚未缴清的出资额；不得以已缴纳的出资额，抵消其对该社或者该社其他成员的债务；

（七）承担该社的亏损；

（八）成员共同议决的其他义务。【注：如不作具体规定此项可删除】

第十四条 成员有下列情形之一的，终止其成员资格：

（一）主动要求退社的；

（二）丧失民事行为能力的；

（三）死亡的；

（四）团体成员所属企业或组织破产、解散的；

（五）被该社除名的。

第十五条 成员要求退社的，须在会计年度终了的三个月前向理事会提出书面声明，方可办理退社手续；其中，团体成员退社的，须在会计年度终了的六个月前提出。退社成员的成员资格于该会计年度结束时终止。资格终止的成员须分摊资格终止前该社的亏损及债务。

成员资格终止的，在该会计年度决算后______个月内【注：不应超过三个月】，退还记载在该成员账户内的出资额和公积金份额。如该社经营盈余，按照本章程规定返还其相应的盈余所得；如经营亏损，扣除其应分摊的亏损金额。

成员在其资格终止前与该社已订立的业务合同应当继续履行【注:也可以依照退社时与该社的约定确定】。

第十六条　成员死亡的,其法定继承人符合法律及本章程规定的条件的,在______个月内提出入社申请,经成员大会【注:或者理事会】讨论通过后办理入社手续,并承继被继承人与该社的债权债务。否则,按照第十五条的规定办理退社手续。

第十七条　成员有下列情形之一的,经成员大会【注:或者理事会】讨论通过予以除名:

(一)不履行成员义务,经教育无效的;

(二)给该社名誉或者利益带来严重损害的;

(三)成员共同议决的其他情形【注:如不作具体规定此项可删除】。

该社对被除名成员,退还记载在该成员账户内的出资额和公积金份额,结清其应承担的债务,返还其相应的盈余所得。因前款第二项被除名的,须对该社做出相应赔偿。

第三章　组织机构

第十八条　成员大会是该社的最高权力机构,由全体成员组成。

成员大会行使下列职权:

(一)审议、修改该社章程和各项规章制度;

(二)选举和罢免理事长、理事、执行监事或者监事会成员;

(三)决定成员入社、退社、继承、除名、奖励、处分等事项【注:如设立理事会此项可删除】;

(四)决定成员出资标准及增加或者减少出资;

(五)审议该社的发展规划和年度业务经营计划;

(六)审议批准年度财务预算和决算方案;

(七)审议批准年度盈余分配方案和亏损处理方案;

(八)审议批准理事会、执行监事或者监事会提交的年度业务报告；

（九）决定重大财产处置、对外投资、对外担保和生产经营活动中的其他重大事项；

（十）对合并、分立、解散、清算和对外联合等做出决议；

（十一）决定聘用经营管理人员和专业技术人员的数量、资格、报酬和任期；

（十二）听取理事长或者理事会关于成员变动情况的报告；

（十三）决定其他重大事项【注：如不作具体规定此项可删除】。

第十九条 该社成员超过一百五十人时，每______名成员选举产生一名成员代表，组成成员代表大会。成员代表大会履行成员大会的__________、__________等【注：部分或者全部】职权。成员代表任期______年，可以连选连任。

【注：成员总数达到一百五十人的农民专业合作社可以根据自身发展的实际情况决定是否设立成员代表大会。如不设立，此条可删除】

第二十条 该社每年召开______次成员大会【注：至少于会计年度末召开一次成员大会】。成员大会由__________【注：理事长或者理事会】负责召集，并提前十五日向全体成员通报会议内容。

第二十一条 有下列情形之一的，该社在二十日内召开临时成员大会：

（一）百分之三十以上的成员提议；

（二）执行监事或者监事会提议【注：如不设立执行监事或监事会，此项可删除】；

（三）理事会提议；

（四）成员共同议决的其他情形【注：如不作具体规定此项可删除】。

理事长【注：或者理事会】不能履行或者在规定期限内没有正当

理由不履行职责召集临时成员大会的，执行监事或者监事会在______日内召集并主持临时成员大会【注：如不设立执行监事或监事会，此款可删除】。

第二十二条　成员大会须有该社成员总数的三分之二以上出席方可召开。成员因故不能参加成员大会的，可以书面委托其他成员代理。一名成员最多只能代理______名成员表决。

成员大会选举或者做出决议，须经该社成员表决权总数过半数通过；对修改该社章程，改变成员出资标准，增加或者减少成员出资，合并、分立、解散、清算和对外联合等重大事项做出决议的，须经成员表决权总数三分之二以上的票数通过。成员代表大会的代表以其受成员书面委托的意见及表决权数，在成员代表大会上行使表决权。

第二十三条　该社设理事长一名，为该社的法定代表人。理事长任期______年，可连选连任。

理事长行使下列职权：

（一）主持成员大会，召集并主持理事会会议；

（二）签署该社成员出资证明；

（三）签署聘任或者解聘该社经理、财务会计人员和其他专业技术人员聘书；

（四）组织实施成员大会和理事会决议，检查决议实施情况；

（五）代表该社签订合同等；

（六）履行成员大会授予的其他职权【注：如不作具体规定此项可删除】。

第二十四条　该社设理事会，对成员大会负责，由______名成员组成，设副理事长______人。理事会成员任期______年，可连选连任。

理事会【注：或者理事长】行使下列职权：

（一）组织召开成员大会并报告工作，执行成员大会决议；

（二）制订该社发展规划、年度业务经营计划、内部管理规章制度等，提交成员大会审议；

（三）制定年度财务预决算、盈余分配和亏损弥补等方案，提交成员大会审议；

（四）组织开展成员培训和各种协作活动；

（五）管理该社的资产和财务，保障该社的财产安全；

（六）接受、答复、处理执行监事或者监事会提出的有关质询和建议；

（七）决定成员入社、退社、继承、除名、奖励、处分等事项【注：如不设立理事会此项可删除】；

（八）决定聘任或者解聘该社经理、财务会计人员和其他专业技术人员；

（九）履行成员大会授予的其他职权【注：如不作具体规定此项可删除】。

第二十五条 理事会会议的表决，实行一人一票。重大事项集体讨论，并经三分之二以上理事同意方可形成决定。理事个人对某项决议有不同意见时，其意见记入会议记录并签名。理事会会议邀请执行监事或者监事长、经理和______名成员代表列席，列席者无表决权。

【注：农民专业合作社可以根据自身发展的实际情况决定是否设立理事会。如不设立理事会，第二十四条第一款、第二十五条中的相关内容可删除。】

第二十六条 该社设执行监事一名，代表全体成员监督检查理事会和工作人员的工作。执行监事列席理事会会议。

第二十七条 该社设监事会，由______名监事组成，设监事长一人，监事长和监事会成员任期______年，可连选连任。监事长列席理事会会议。

监事会【注:或者执行监事】行使下列职权:

(一)监督理事会对成员大会决议和该社章程的执行情况;

(二)监督检查该社的生产经营业务情况,负责该社财务审核监察工作;

(三)监督理事长或者理事会成员和经理履行职责情况;

(四)向成员大会提出年度监察报告;

(五)向理事长或者理事会提出工作质询和改进工作的建议;

(六)提议召开临时成员大会;

(七)代表该社负责记录理事与该社发生业务交易时的业务交易量(额)情况;

(八)履行成员大会授予的其他职责【注:如不作具体规定此项可删除】。

卸任理事须待卸任______年后【注:填写本章程第二十三条规定的理事长任期】方能当选监事。

第二十八条　监事会会议由监事长召集,会议决议以书面形式通知理事会。理事会在接到通知后______日内就有关质询做出答复。

第二十九条　监事会会议的表决实行一人一票。监事会会议须有三分之二以上的监事出席方能召开。重大事项的决议须经三分之二以上监事同意方能生效。监事个人对某项决议有不同意见时,其意见记入会议记录并签名。

【注:农民专业合作社可以根据自身发展的实际情况决定是否设执行监事和监事会。如不设立,第二十七条、第二十八条、第二十九条相关内容可删除。】

第三十条　该社经理由理事会【注:或者理事长】聘任或者解聘,对理事会【注:或者理事长】负责,行使下列职权:

(一)主持该社的生产经营工作,组织实施理事会决议;

(二)组织实施年度生产经营计划和投资方案;

(三)拟订经营管理制度;

(四)提请聘任或者解聘财务会计人员和其他经营管理人员;

(五)聘任或者解聘除应由理事会聘任或者解聘之外的经营管理人员和其他工作人员;

(六)理事会授予的其他职权【注:如不作具体规定此项可删除】。

该社理事长或者理事可以兼任经理。

第三十一条 该社现任理事长、理事、经理和财务会计人员不得兼任监事。

第三十二条 该社理事长、理事和管理人员不得有下列行为:

(一)侵占、挪用或者私分该社资产;

(二)违反章程规定或者未经成员大会同意,将该社资金借贷给他人或者以该社资产为他人提供担保;

(三)接受他人与该社交易的佣金归为己有;

(四)从事损害该社经济利益的其他活动;

(五)兼任业务性质相同的其他农民专业合作社的理事长、理事、监事、经理。

理事长、理事和管理人员违反前款第(一)项至第(四)项规定所得的收入,归该社所有;给该社造成损失的,须承担赔偿责任。

第四章　财务管理

第三十三条 该社实行独立的财务管理和会计核算,严格按照国务院财政部门制定的农民专业合作社财务制度和会计制度核定生产经营和管理服务过程中的成本与费用。

第三十四条 该社依照有关法律、行政法规和政府有关主管部门的规定,建立健全财务和会计制度,实行每月______日【注:或者每季度第______月______日】财务定期公开制度。

该社财会人员应持有会计从业资格证书，会计和出纳互不兼任。理事会、监事会成员及其直系亲属不得担任该社的财会人员。

第三十五条　成员与该社的所有业务交易，实名记载于各该成员的个人账户中，作为按交易量（额）进行可分配盈余返还分配的依据。利用该社提供服务的非成员与该社的所有业务交易，实行单独记账，分别核算。

第三十六条　会计年度终了时，由理事长【注：或者理事会】按照本章程规定，组织编制该社年度业务报告、盈余分配方案、亏损处理方案以及财务会计报告，经执行监事或者监事会审核后，于成员大会召开十五日前，置备于办公地点，供成员查阅并接受成员的质询。

第三十七条　该社资金来源包括以下几项：

（一）成员出资；

（二）每个会计年度从盈余中提取的公积金、公益金；

（三）未分配收益；

（四）国家扶持补助资金；

（五）他人捐赠款；

（六）其他资金。

第三十八条　该社成员可以用货币出资，也可以用库房、加工设备、运输设备、农机具、农产品等实物、技术、知识产权或者其他财产权利作价出资，但不得以劳务、信用、自然人姓名、商誉、特许经营权或者设定担保的财产等作价出资。成员以非货币方式出资的，由全体成员评估作价。

第三十九条　该社成员认缴的出资额，须在______个月内缴清。

第四十条　以非货币方式作价出资的成员与以货币方式出资的成员享受同等权利，承担相同义务。

经理事长【注：或者理事会】审核，成员大会讨论通过，成员出资可以转让给该社其他成员。

第四十一条 为实现该社及全体成员的发展目标需要调整成员出资时，经成员大会讨论通过，形成决议，每个成员须按照成员大会决议的方式和金额调整成员出资。

第四十二条 该社向成员颁发成员证书，并载明成员的出资额。成员证书同时加盖该社财务印章和理事长印鉴。

第四十三条 该社从当年盈余中提取百分之______的公积金，用于扩大生产经营、弥补亏损或者转为成员出资。

【注：农民专业合作社可以根据自身发展的实际情况决定是否提取公积金。】

第四十四条 该社从当年盈余中提取百分之______的公益金，用于成员的技术培训、合作社知识教育以及文化、福利事业和生活上的互助互济。其中，用于成员技术培训与合作社知识教育的比例不少于公益金数额的百分之______。

【注：农民专业合作社可以根据自身发展的实际情况决定是否提取公益金。】

第四十五条 该社接受的国家财政直接补助和他人捐赠，均按本章程规定的方法确定的金额入账，作为该社的资金（产），按照规定用途和捐赠者意愿用于该社的发展。在解散、破产清算时，由国家财政直接补助形成的财产，不得作为可分配剩余资产分配给成员，处置办法按照国家有关规定执行；接受他人的捐赠，与捐赠者另有约定的，按约定办法处置。

第四十六条 当年扣除生产经营和管理服务成本，弥补亏损、提取公积金和公益金后的可分配盈余，经成员大会决议，按照下列顺序分配：

（一）按成员与该社的业务交易量（额）比例返还，返还总额不低于可分配盈余的百分之______【注：依法不低于百分之六十，具体比例由成员大会讨论决定】；

（二）按前项规定返还后的剩余部分，以成员账户中记载的出资额和公积金份额，以及该社接受国家财政直接补助和他人捐赠形成的财产平均量化到成员的份额，按比例分配给该社成员，并记载在成员个人账户中。

第四十七条　该社如有亏损，经成员大会讨论通过，用公积金弥补，不足部分也可以用以后年度盈余弥补。

该社的债务用该社公积金或者盈余清偿，不足部分依照成员个人账户中记载的财产份额，按比例分担，但不超过成员账户中记载的出资额和公积金份额。

第四十八条　执行监事或者监事会负责该社的日常财务审核监督。根据成员大会【注：或者理事会】的决定【注：或者监事会的要求】，该社委托__________审计机构对该社财务进行年度审计、专项审计和换届、离任审计。

第五章　合并、分立、解散和清算

第四十九条　该社与他社合并，须经成员大会决议，自合并决议作出之日起十日内通知债权人。合并后的债权、债务由合并后存续或者新设的组织承继。

第五十条　经成员大会决议分立时，该社的财产作相应分割，并自分立决议作出之日起十日内通知债权人。分立前的债务由分立后的组织承担连带责任。但是，在分立前与债权人就债务清偿达成的书面协议另有约定的除外。

第五十一条　该社有下列情形之一，经成员大会决议，报登记机关核准后解散：

(一)该社成员人数少于五人;

(二)成员大会决议解散;

(三)该社分立或者与其他农民专业合作社合并后需要解散;

(四)因不可抗力因素致使该社无法继续经营;

(五)依法被吊销营业执照或者被撤销;

(六)成员共同议决的其他情形。【注:如不作具体规定此项可删除】

第五十二条 该社因前条第一项、第二项、第四项、第五项、第六项情形解散的,在解散情形发生之日起十五日内,由成员大会推举______名成员组成清算组接管该社,开始解散清算。逾期未能组成清算组时,成员、债权人可以向人民法院申请指定成员组成清算组进行清算。

第五十三条 清算组负责处理与清算有关未了结业务,清理该社的财产和债权、债务,制定清偿方案,分配清偿债务后的剩余财产,代表该社参与诉讼、仲裁或者其他法律程序,并在清算结束后,于______日内向成员公布清算情况,向原登记机关办理注销登记。

第五十四条 清算组自成立起十日内通知成员和债权人,并于六十日内在报纸上公告。

第五十五条 该社财产优先支付清算费用和共益债务后,按下列顺序清偿:

(一)与农民成员已发生交易所欠款项;

(二)所欠员工的工资及社会保险费用;

(三)所欠税款;

(四)所欠其他债务;

(五)归还成员出资、公积金;

(六)按清算方案分配剩余财产。

清算方案须经成员大会通过或者申请人民法院确认后实施。该社财产不足以清偿债务时，依法向人民法院申请破产。

第六章　附　　则

第五十六条　该社需要向成员公告的事项，采取__________方式发布，需要向社会公告的事项，采取__________方式发布。

第五十七条　本章程由设立大会表决通过，全体设立人签字后生效。

第五十八条　修改本章程，须经半数以上成员或者理事会提出，理事长【注：或者理事会】负责修订，成员大会讨论通过后实施。

第五十九条　本章程由该社理事会【注：或者理事长】负责解释。

全体设立人签名、盖章：

附件二　农民专业合作社财务制度

第一章　总　则

第一条　为了加强农民专业合作社和农民专业合作社联合社（以下统称“合作社”）财务管理，规范合作社财务行为，保护合作社及其成员的合法权益，依照《中华人民共和国农民专业合作社法》和国家有关法律、法规的规定，结合合作社的实际情况，制定本制度。

第二条　本制度适用于依照《中华人民共和国农民专业合作社法》设立并取得法人资格的合作社。

第三条　合作社应当根据本制度规定和自身财务管理需要，建立健全财务管理制度，有序开展财务管理工作，如实反映财务状况。

第四条　合作社应当依照《中华人民共和国会计法》和国家统一的会计制度规定进行会计核算。合作社理事长对本社的会计工作和会计资料的真实性、完整性负责。

第五条　合作社应当按照国家有关规定及成员（代表）大会的决定，聘任财务会计人员，或者按规定委托代理记账。执行与合作社业务有关公务的人员不得担任合作社财务会计人员。

第六条　合作社应当建立健全财务内部控制制度，明确相关岗位的管理权限和责任，按照风险与收益均衡、不相容职务分离的原则，履行内部财务管理职责，控制财务风险。

第七条　合作社应当建立健全财务决策制度，依法明确决策规则、程序、权限和责任等。

合作社应当加强运营资金管理，强化预算管理和财务分析。

第八条　合作社应当为每个成员设立成员账户，记载该成员的出资额、量化到该成员的公积金份额、本社接受国家财政直接补助和接受他人捐赠形成的财产平均量化到该成员的份额、该成员与本社的交易量（额）、本社对该成员的盈余返还和剩余盈余分配等内容。联合社以入社合作社为成员，建立成员账户进行核算。

第九条　合作社的财务工作应当接受农业农村（农村经营管理）部门、财政部门的指导和监督。

合作社应当依法按时向税务机关申报纳税，及时向登记机关、农业农村（农村经营管理）等部门报送有关财务信息。

第二章　资金筹集及使用管理

第十条　合作社资金筹集是指合作社筹措、集聚其自身建设和生产经营所需要的资金，包括权益资金筹集和债务资金筹集。

合作社应当拟订资金筹集方案，确定筹资规模，履行内部决策程序，控制筹资成本。

第十一条　权益资金筹集是指合作社依法接受成员投入的股金、接受国家财政直接补助和他人捐赠形成的专项基金等。

第十二条　合作社成员可以用货币出资，也可以用实物、知识产权、土地经营权、林权等可以用货币估价并可以依法转让的非货币财产，以及章程规定的其他方式作价出资。法律、法规规定不得作为出资的财产除外。

合作社成员以非货币方式出资的，应当按照有关规定和合作社章程规定，确认出资额，计入成员账户，按照享有合作社成员出资总额的份额确定股金，差额作为资本公积管理。

第十三条　合作社成员不得以对本社或者其他成员的债权，充抵出资；不得以缴纳的出资，抵消对本社或者其他成员的债务；不得以劳务、信用、自然人姓名、商誉、特许经营权或者设定担保的财产等作价出资。

第十四条 合作社成员增加、减少或转让出资时，应当按照章程规定进行调整，并及时向登记机关申请变更登记。

第十五条 合作社接受国家财政直接补助和他人捐赠形成的财产，作为专项基金处理，并依法平均量化到每个成员，计入成员账户。

合作社应当对国家财政直接补助资金实行专款专用，取得生物资产、固定资产、无形资产等时，应当建立资产台账，加强资产管护，严禁挤占、挪用、侵占、私分。

第十六条 债务资金筹集是指合作社依法以借款、应付及暂收款项等方式进行资金筹集。

合作社应当明确债务资金筹集的目的、项目、内容等，根据资金成本、债务风险和资金需求，进行必要的筹资决策，控制债务比例，签订书面合同，并制订还款计划，诚信履行债务合同。

合作社筹集债务资金应当召开成员（代表）大会进行决议，由本社成员表决权总数过半数通过，章程对表决权数有较高规定的从其规定。

第十七条 合作社应当建立健全借款业务内部控制制度，明确审批人和经办人的权限、程序、责任和相关控制措施，按章程规定进行决策和审批，加强对借款合同等文件和单据凭证的管理。

合作社向金融机构申请借款，优先选择金融机构的优惠贷款。需要提供担保的，应当注意担保物价值与借款金额的匹配性。

第十八条 合作社的应付款项包括与本社成员和非本社成员的各项应付及暂收款项。

合作社应当建立健全应付及暂收款项管理制度，完善款项审批手续，及时入账，定期对账，按合同约定的时间适时付款和提供产品及劳务。合作社应当对成员往来、应付及暂收款设立明细账，详细反映应付及暂收款项的发生、增减变动、余额，应付及暂收款单位或个人，账期等财务信息，确保款项的安全。

第三章 资产及运营管理

第十九条 合作社的资产包括货币资金、应收款项、存货、生物资产、固定资产、无形资产、对外投资和长期待摊费用等。

第二十条 合作社的货币资金包括现金、银行存款等。

合作社应当建立健全货币资金管理制度，明确相关岗位的职责、权限，经办、审批等业务流程以及风险控制措施。合作社应当依法开立银行账户，加强资金、票据和印章管理。货币资金收付应当取得有效的原始凭据，并有经手人、审批人等签名，严禁无据收付款。非出纳人员不得保管现金，确因工作需要委托他人代收款项的，代收人应当自收到代收款之日起三个工作日内如数交给出纳。不得坐收坐支、白条抵库、挤占挪用、公款私存或者私款公存。

第二十一条 合作社的应收款项包括与本社成员和非本社成员的各项应收及暂付款项。

合作社应当建立健全应收及暂付款项管理制度，对成员往来、应收及暂付款设立明细账，详细反映应收及暂付款项的发生、增减变动、余额，应收及暂付款单位或个人，账期等财务信息，评估信用风险，跟踪履约情况，减少坏账损失。

第二十二条 合作社的存货包括材料、农产品、工业产成品、低值易耗品、包装物等产品物资，在产品，受托代销商品、受托代购商品、委托代销商品和委托加工物资等。

合作社应当建立健全存货管理制度，明确相关岗位的职责、权限，经办、审批等业务流程以及风险控制措施。存货入库时，应当办理清点验收手续，填写入库单，根据合同约定以及内部审批制度支付货款。存货领用或出库时，应当办理出库手续，填写领用单或出库单。应当定期或不定期对存货进行盘点核对，做到账实相符。

合作社应当明确销售、采购业务审批人和经办人的权限、程序、责任和相关控制措施，按照章程规定办理销售、采购业务，及时做好销售、采购记录，严格销售和采购合同、出库和入库凭证、销售和采购发票、验收证明等核对和管理。

第二十三条 合作社的生物资产包括消耗性生物资产、生产性生物资产和公益性生物资产。

合作社应当建立健全生物资产管理制度，加强对生物资产的成本、增减、折旧、出售、死亡毁损核算及管理。

经济林、薪炭林、产畜和役畜等生产性生物资产投产后，预计净残值率按照其成本的5%确定。

第二十四条 合作社的固定资产是指使用年限在一年以上，单位价值在2 000元以上，并在使用过程中基本保持原有物质形态的资产，包括房屋、建筑物、机器、设备、工具、器具和农业农村基础设施等。单位价值虽未达到规定标准，但使用年限在一年以上的大批同类物资也可列为固定资产。

合作社应当建立健全固定资产管理制度，加强固定资产。

购建、使用、折旧、处置管理，落实人员岗位责任制。应当明确固定资产购建的决策依据、程序、审批权限和责任制度，制定并严格执行可行性研究和预决算、付款及竣工验收等制度。合作社的在建工程达到交付使用状态时，应当按照有关规定办理工程竣工财务决算和资产验收交付使用。

合作社应当建立固定资产台账，对固定资产定期或不定期地进行清查盘点。财务年度终了前，应当进行全面清查盘点，保证账、卡、物相符。对固定资产的盘盈、盘亏应当按照有关规定处理。

第二十五条 合作社的无形资产包括专利权、商标权、著作权、非专利技术、土地经营权、林权、草原使用权等。

合作社应当建立无形资产台账，依法明确权属，落实有关经营、管理的财务责任，对无形资产进行分类核算和管理。

合作社应当建立健全无形资产摊销制度，确定无形资产摊销方法。

第二十六条　合作社的对外投资是指合作社依法出资设立或者加入联合社，以及采用货币资金、实物资产、无形资产等向其他单位的投资。

合作社应当明确对外投资业务审批人和经办人的权限、程序、责任和相关控制措施。对外投资评估、决策及其收回、转让与核销等，应当由理事会提交成员（代表）大会决议。应当建立健全对外投资责任追究制度，加强对审批文件、投资合同或协议、投资方案计划书、对外投资有关权益证书、对外投资处置决议等文件资料的管理。应当加强对投资收益的管理，对外投资获取的现金股利或利润、利息等均应纳入会计核算，严禁设置账外账。

第四章　收入成本费用管理

第二十七条　合作社的收入包括合作社的经营收入和其他收入。

第二十八条　合作社应当对收入及时结算，切实加强管理，严禁隐瞒、截留、挤占和挪用。

第二十九条　合作社的费用包括经营支出、税金及附加、管理费用、财务费用和其他支出等。

第三十条　合作社应当加强费用支出管理，建立必要的费用开支范围、标准和报销审批等制度，控制和节约各项费用支出，不得虚列虚报。

合作社的支出应当按照财务工作规范流程，由经办人在原始凭证上注明用途并签字后，经合作社负责人审批同意并签字盖章，由财务会计人员审核记账，按程序实行公开，接受合作社成员监督。大额支出必须经成员（代表）大会决议通过后执行。

第三十一条 合作社不得承担属于成员和经营管理者个人的下列支出：

（一）娱乐、健身、旅游、购物、招待、馈赠等支出；

（二）购买商业保险、证券、股权、收藏品等支出；

（三）个人行为导致的罚款、赔偿等支出；

（四）购买住房、支付物业管理费、修缮费用等支出；

（五）应由个人承担的其他支出。

第三十二条 合作社应当强化成本意识，加强成本管理。

第五章 盈余及盈余分配管理

第三十三条 合作社应当做好收入、成本费用核算，及时结转各项收入和支出，核算所得税费用，确定当年盈余，规范盈余分配。

合作社应当按照章程规定，编制盈余分配或亏损处理方案，确定盈余分配或亏损处理程序。

第三十四条 合作社可以在章程中规定公积金提取的比例和用途，每年提取的公积金按照章程规定的比例量化为每个成员所有的份额。

合作社提取及使用公积金，应当按照章程规定或者经成员（代表）大会决议通过。

第三十五条 合作社在弥补亏损、提取公积金后的当年盈余为可分配盈余。

可分配盈余按成员与本社的交易量（额）比例返还的返还总额不得低于可分配盈余的百分之六十；返还后的剩余部分，以成员账户中记载的出资额和公积金份额，以及本社接受国家财政直接补助和他人捐赠形成的财产平均量化到成员的份额，按比例分配给本社成员。

经成员（代表）大会决议通过，可以将全部或者部分可分配盈余转为对合作社的出资，并记载在成员账户中。

具体分配办法按照章程规定或者经成员（代表）大会决议确定。

第六章　财务清算

第三十六条　合作社解散、破产时，应当按照有关法律规定进行财务清算。

第三十七条　合作社因章程规定的解散事由出现、成员（代表）大会决议解散、依法被吊销营业执照或者被撤销等原因解散，应当在解散事由出现之日起十五日内由成员（代表）大会推举成员组成清算组。逾期不能组成清算组的，成员、债权人可以向人民法院申请指定成员组成清算组，开始解散清算。

合作社财务清算，应当对合作社的财产、债权债务等进行全面清理，编制财产目录和债权债务清单，提出财产作价依据和债权债务处理办法。清算期间，未经清算组同意，任何组织机构和个人不得处理合作社的财产，包括宣布清算时的全部财产和清算期间取得的财产。

合作社接受国家财政直接补助形成的财产，在解散、破产清算时，不得作为可分配剩余资产分配给成员，具体按照有关规定执行。

第三十八条　合作社因严重亏损，资不抵债，不能清偿全部到期债务，或者清算组发现合作社的财产不足以清偿债务的，应当依法向人民法院申请破产。

第三十九条　在宣布合作社解散、破产前六个月至宣布解散、破产之日，下列行为无效：

（一）无偿转让财产；

（二）非正常压价处理财产；

（三）对原来没有财产担保的债务提供财产担保；

（四）对未到期的债务提前清偿；

（五）放弃应属于合作社的债权。

第七章 财务监督

第四十条 合作社应当建立健全财务审计制度，对财务收支的真实性、合法性、合规性进行内部审计。

第四十一条 合作社应当建立健全财务公开制度，以易于理解的形式如实向本社成员公开年度财务报告等财务信息，自觉接受成员的监督。

第四十二条 合作社解散、破产清算时，未按照有关规定处置国家财政直接补助形成的财产的，或者清算组成员因故意或重大过失造成国家财政直接补助形成的财产流失的，依法追究法律责任。

第四十三条 合作社、合作社负有直接责任的主管人员和其他人员有以下行为之一的，县级以上有关主管部门可以责令限期改正：

（一）未按本制度规定建立健全各项内部财务管理制度的；

（二）内部财务管理制度明显与法律、行政法规和通用的合作社财务规章制度相抵触，且不按照有关主管部门要求修正的。

第四十四条 任何单位或个人在合作社财务管理中滥用职权、玩忽职守、徇私舞弊或者泄露国家机密、合作社商业秘密的，依法进行处理。

第八章 附则

第四十五条 各省、自治区、直辖市和计划单列市财政部门，新疆生产建设兵团财政局可根据本制度，结合本地区实际，会同同级农业农村部门制定具体实施细则。

第四十六条 本制度由财政部会同农业农村部负责解释。

第四十七条 本制度自 2023 年 1 月 1 日起施行。此前财政部印发的《农民专业合作社财务会计制度（试行）》（财会〔2007〕15 号）与本制度规定不一致的，以本制度为准。

附件三　农民专业合作社管理制度(示范文本)

一、社员(代表)大会制度

(一)社员(代表)大会由全体成员(代表)组成,是该社的最高权力机构,行使下列职权:

1. 审议、修改该社章程和各项规章制度;

2. 选举和罢免理事长、理事、监事会成员;

3. 决定社员出资标准及增加或者减少出资;

4. 审议批准年度财务预算和决算方案;

5. 审议批准年度盈余分配方案和亏损处理方案;

6. 审议批准理事会、执行监事(或者监事会)提交的年度业务报告;

7. 决定重大财产处置、对外投资、对外担保和生产经营活动中的其他重大事项;

8. 对合并、分立、解散、清算和对外联合等做出决议;

9. 决定聘用经营管理人员和专业技术人员的数量、资格和任期;

10. 听取理事长或者理事会关于成员变动情况的报告;

11. 决定其他重大事项。

(二)召开成员大会,出席人数应当达到社员(代表)总数三分之二以上。

社员(代表)大会选举或者做出决议,应当由该社成员表决权总数过半数通过;做出修改章程或者合并、分立、解散的决议应当由该社成员表决权总数的三分之二以上通过。章程对表决权数有较高规定的,服从其规定。

(三)社员(代表)大会选举和表决,实行一人一票制,成员各享有一票的基本表决权。

出资额或者与该社交易量(额)较大的社员按照章程规定,可以享有附加表决权。该社的附加表决权总票数,不得超过该社社员基本表决权总票数的百分之二十。享有附加表决权的社员及其享有的附加表决权数,应当在每次成员大会召开时告知出席会议的社员。

(四)社员(代表)大会的召集由章程规定,每年至少召开一次例会。

有下列情形之一的,应当在二十日内召开临时成员(代表)大会:百分之三十以上的成员提议;执行监事或者监事会提议;章程规定的其他情形。

(五)社员(代表)大会应当将所议事项的决定做好会议记录,由出席会议的社员在会议记录上签名。

(六)该社社员超过一百五十人时,可以按照章程规定设立社员代表大会。社员代表大会按照章程规定可以行使成员大会的部分(或者全部职权)。

二、理事会工作制度

(一)理事会是合作社的执行机构,对社员(代表)大会负责。

(二)理事会由5～7名理事组成,设理事长1名,副理事长1名,理事3～5名。理事会成员由社员(代表)大会从该社社员中选举产生,任期3年,可连选连任。

(三)理事会职责

1. 组织召开社员(代表)大会并报告工作,执行社员(代表)大会决议；

2. 制订该社发展规划、年度业务经营计划、内部管理规章制度等，提交社员（代表）大会审议；

3. 制定年度财务预决算、盈余分配和亏损弥补等方案，提交社员（代表）大会审议；

4. 组织开展社员培训和各种协作活动；

5. 管理该社的资产和财务，保障该社的财产安全；

6. 接受、答复、处理执行监事或者监事会提出的有关质询和建议；

7. 决定社员入社、退社、继承、除名、奖励、处分等事项；

8. 决定聘任或者解聘该社经理、财务会计人员和其他专业技术人员；

9. 履行社员（代表）大会授予的其他职权。

（四）理事会表决制度

理事会会议的表决，实行一人一票。重大事项集体讨论，并经三分之二以上理事同意方可形成决定。理事会所议事项要形成会议记录，出席会议的理事应当在会议记录上签名。理事个人对某项决议有不同意见时，其意见应记入会议记录并签名。执行监事（或者监事长）和经理列席理事会会议，理事会会议可以邀请3～5名社员代表列席，列席者无表决权。

（五）理事会接到监事会质询或建议的书面通知后，必须在7个工作日内做出答复。

（六）该社理事长为合作社法定代表人，其主要职责：

1. 召集并主持理事会会议，按章程主持社员（代表）大会；

2. 签署该社社员出资证明；

3. 签署聘任或者解聘该社经理、财务会计人员和其他专业技术人员聘书；

4. 组织实施社员(代表)大会和理事会决议，检查决议实施情况；

5. 代表该社签订合同等；

6. 履行社员(代表)大会授予的其他职权。

三、监事会工作制度

(一)监事会(执行监事)是合作社的监督机构，代表全体社员监督合作社的财务和业务执行情况。

(二)监事会由3人组成(或设1名执行监事)，设监事长1人。监事会成员(执行监事)由社员(代表)大会在该社社员中选举产生，每届任期3年，可连选连任。合作社理事长、理事、经理和财务人员不得兼任监事。

(三)监事会(执行监事)职责。

1. 监督理事会对社员(代表)大会决议和该社章程的执行情况；

2. 监督检查该社的生产经营业务情况，负责该社财务审核监察工作；

3. 监督理事长或者理事会成员和经理履行职责情况；

4. 向社员(代表)大会提出年度监察报告；

5. 向理事长或者理事会提出工作质询和改进工作的建议；

6. 提议召开临时社员(代表)大会；

7. 代表该社负责记录理事与该社发生业务交易时的业务交易量(额)情况；

8. 履行社员(代表)大会授予的其他职责。

(四)监事会会议由监事长召集，监事长因故不能召集会议时，可以委托其他监事召集。

(五)监事会会议的表决实行一人一票。监事会会议须有三分之二以上的监事出席方能召开。重大事项的决议须经三分之二以上监事同意方能生效。

（六）监事会所议事项要形成会议记录，出席会议的监事应当在会议记录上签名。监事个人对某项决议有不同意见时，其意见也要记入会议记录并签名。

四、议事规则制度

（一）该社按照“成员（代表）大会决策、理事会执行、监事会监督、成员团结合作”的民主管理机制运行。

（二）成员（代表）大会按照章程规定召集和主持召开，其选举、决议、表决必须在充分酝酿讨论的基础上，根据其内容，按照充分发扬民主的原则，采取举手通过、举手表决或票选票决方式民主进行。

（三）理事会实行集体领导，分工负责，民主集中制；理事会由理事长主持在其职权范围内研究决定事务，制订提请成员（代表）审议事项的方案；决定事务需表决的一律采取票决方式进行。

（四）监事会由监事长主持（执行监事负责该社的监督），按照章程规定的职责，研究制定对理事会及其成员、经营管理人员、合作社成员进行监督检查的办法和方案，提出质询建议内容、方式和答复要求。监事会（执行监事）书面提出质疑问题的同时，有权书面通知停止所质疑对象的此类行为，当答复通过后方才解除；质疑对象答复解释说明不清，或者拒不整改的，根据质疑问题的大小和质疑对象的不同，通过提请理事会或者成员（代表）大会表决解决。

（五）根据全社社员居住分布状况和生产状况，实行每个理事、监事、社员代表分工联系社员制度，进行社情员意上传下达，开展生产经营指导服务，确保信息畅通，运作有序。

五、社员管理联系制度

(一)入社管理

1. 入社条件和程序。凡是从事与该社业务直接有关的生产经营活动的公民,以及企业、事业单位或者社会团体,符合理事会规定的入社条件,自愿加入该社,承认并遵守该社章程和管理制度,即可书面向该社提出申请,填写《入社申请书》,经该社理事会讨论通过后,在社员花名册上登记,颁发社员证,即成为该社社员。

2. 社员比例规定。该社成员中,农民必须占成员总数的百分之八十。成员总数二十人以下的,可以有一个团体成员;成员总数超过二十人的,团体成员不得超过成员总数的百分之五。

(二)社员义务

1. 遵守该社章程和各项规章制度,执行社员(代表)大会和理事会的决议;

2. 按照章程规定向该社出资;

3. 积极参加该社各项业务活动,接受该社提供的技术指导,按照该社规定的质量标准和生产技术规程从事生产,履行与该社签订的业务合同,发扬互助协作精神,谋求共同发展;

4. 维护该社利益,爱护生产经营设施,保护该社社员共有财产;

5. 不从事损害该社社员共同利益的活动;

6. 不得以其对该社或者该社其他社员所拥有的债权,抵消已认购或已认购但尚未缴清的出资额;不得以已缴纳的出资额,抵消其对该社或者该社其他社员的债务;

7. 承担该社的亏损;

8. 社员共同议决的其他义务。

（三）社员退社、死亡、除名管理

1. 社员要求退社的，须在会计年度终了的三个月（团体社员退社的，须在会计年度终了的六个月前）前向理事会提出书面声明，填写《社退社申请书》，方可办理退社手续。退社社员的社员资格于该会计年度结束时终止，在本会计年度决算后一个月内，办理退社财务结算。如该社经营盈余，按照该社规定退还记载在该社员账户内的出资额和公积金份额，并返还其相应的盈余所得；如经营亏损，扣除其应分摊的亏损金额。社员在其资格终止前与该社已订立的业务合同应当继续履行。

2. 成员有下列情形之一的，经理事会讨论通过予以除名：

（1）不履行成员义务，经教育无效的；

（2）给该社名誉或者利益带来严重损害的；

（3）成员共同议决的其他情形。该社对被除名成员，退还记载在该成员账户内的出资额和公积金份额，结清其应承担的债务，返还其相应的盈余所得。因第（2）项被除名的，须对该社给予相应的赔偿。

3. 社员死亡的，其法定继承人符合法律及本章程规定的条件的，在一个月内提出入社申请，填写《入社申请书》，经理事会讨论通过后办理入社手续，并承继被继承人与该社的债权债务。否则，按照退社处理。

4. 合作社要对退社、死亡、除名成员的《社员证》及时收回，按规定注销社员资格。

（四）社员联系制度

根据全社社员居住分布状况和生产经营状况，实行每个理事、监事（或者社员代表）分工联系社员制度，进行社情员意上传下达，开展生产经营指导服务，确保信息畅通，运作有序。

六、生产销售管理制度

（一）统一生产计划

合作社根据市场需求和该社产品实际，统一制订年度生产计划和各个阶段生产计划，由社员（或者生产场、加工厂）按生产计划落实生产，与合作社签订生产合同，计划合同做到“八定”。即：定面积产量、质量规格；定农资农械需求；定技术服务；定安全生产责任；定产品交售办法；定加工要求；定管理人员工资报酬奖惩。

（二）统一供应农资

合作社根据生产需要和技术要求，统一组织为社员（或者生产场、加工厂）采购、供应生产资料和设备。实行规模采购，努力减少社员的生产成本。合作社统一采购供应的农资必须保证质量，适合该社各种生产和质量安全技术标准。否则，造成的损失由负责采购的当事人赔偿。

（三）统一技术标准

合作社按照质量安全要求，统一组织制订、实施生产技术规程，按产品质量标准组织生产，逐步建立产品质量追溯、检测监督等制度。

（四）统一产品认证

合作社统一认证认定无公害基地、无公害农产品、有机产品及地方名牌、著名商标等，提升产品品牌和档次。

（五）统一指导服务

合作社实行管理人员（或者社员代表）分生产区域、分产业产品品种负责制，统一对社员（或者生产场、加工厂）进行产前、产中、产后的指导服务和管理。合作社对管理人员的报酬或补助按任务完成情况进行考核发放。因指导服务不到位，造成损失的由负责人负责赔偿。

(六)统一加工销售

1. 合作社统一生产加工,统一商标品牌,统一包装销售。积极开拓市场,扩大销售网络,寻求定向加工,努力降低销售费用,提高产品的附加值。

2. 在合作社收购社员产品环节上,要严格执行合同规定的收购质量、价格、数量,对待社员要公平公正,不厚此薄彼;社员要维护该社形象和利益,要履约守信,不贪小利;社员要听从统一指挥,服从统一调度,保证在规定时间内,保质保量的交售产品,使产品能及时加工、包装、调运,进入市场。

3. 在产品交售加工期,合作社要确保信息畅通,按市场行情,随时公布交售产品的品种、质量、价格以及交售办法和要求,使社员及时组织采收、整理、分级、包装,使产品适时进入市场。合作社要确定专人,定期对收购、储存、调运的产品以及待交售的产品,分社员、分生产场,分产品种类、分质量规格,分客户、分市场建立台账,做好统计分析,以指导、调度好加工、储存和销售。

七、资产财务管理制度

(一)管理机构

理事会负责该社资产财务管理的全面工作。监事会负责该社的财务资产监督和内部审计工作。会计负责建立总账和明细分类账,做好财务收支、成本费用核算、会计报表编制和会计档案管理工作。出纳负责建立现金日记账、银行存款日记账以及合作社资金收支、账款划转和支取。

(二)管理内容

合作社资产财务管理包括流动资产、农业资产、对外投资、固定资产和无形资产等管理。合作社资金管理包括成员出资、每个会计年度从盈余中提取的公积金和公益金、未分配盈余、国家扶持补助资金、他人捐赠款和其他资金。任何单位和个人不得侵占、挪用、截留、私分或者以其他方式侵犯农民专业合作社及其成员的合法财产。

(三)资产管理

该社的资产实行内部牵制制度管理和台账登记责任管理。

1. 在资产的购置、验收、保管、使用、处置等环节上,实行“五分开”。即:购置计划与审批、审批与采购、采购与验收保管、保管与使用审批、处置与审批相互分开,相互牵制、相互监督。

2. 建立资产台账登记责任制度,确定专门理事对资产的购置、验收和保管、使用进行登记,建立台账,落实责任。凡造成资产损失或者浪费,又不能补救的,其直接和间接损失由责任人赔偿。财务科(部、办)要根据该社实际,分门别类地确定易耗品使用期限和周期以及固定资产的折旧年限和比例,以实事求是的原则确定资产折旧。财务科(部、办)要定期对实物资产进行账账、账卡、账实清查,向理事会呈报实物资产清查报告,提出实物资产管理问题解决方案。加强对该社商标、土地使用权、非专利技术、商誉等无形资产的管理,防止无形资产流失。

(四)账款管理

该社现金、各种存款、账目、支票和印鉴要按规定妥善管理。支票和印鉴不得由同一人保管,账目保管要安全完整,不得缺失。凡因保管现金、存款和账目造成损失的由当事人负责赔偿。该社银行账号、账户不得出租、出借或转让,不得将公款外借,禁止以合作社名义为其他单位和个人提供担保。该社应收及暂付款项应当由当事人负责及时清理结算,不得长期挂账;在规定时间内未收回的应收及暂付款项,要查明原因,分清责任,由当事人负责赔偿。

（五）财务审批

该社财务支出由理事长负责审批。财务管理坚持“增收节支、勤俭节约”的原则，各项支出必须用于合作社的生产、经营、服务活动以及日常管理等相关事项。在＿＿＿＿＿元以内费用开支，由理事长直接审批；在＿＿＿＿＿元以上费用开支，经理事会集体审核后，由理事长审批；在＿＿＿＿＿元以上的开支和投资（或者理事长向合作社出资额度以上的费用开支和理事长向合作社出资额度2倍以上重大项目建设投资），由社员（代表）大会讨论通过后，由理事长例行审批手续。财务人员办理各项支出，原始凭证（支出计划审批、发票、验收、入库等凭证）必须齐全，凭证必须有经办人、审核人、审批人签字方可入账。经集体审核通过的开支，需有会议记录或形成的决议作为依据入账。监事会在每月财务结账前对财务支出项目进行审核，对未按规定支出的，提出质询，责令整改纠正，甚至责令由责任人赔偿。

（六）财务公开

该社实行“财务公开、民主监督”。每月将财务收支情况张榜公布于办公地点；每年向社员（代表）大会汇报上年度财务决算情况、盈余分配方案和本年度财务预算方案。财务人员必须热情接待社员提出的与其有关的财务查询。

（七）购销价格管理

该社购销产品、生产资料的价格确定及变更要经理事会讨论通过，做到公开、公正、公平，实行透明化管理。购销价格确定后，要将购销价目表张贴在办公地点明显位置，便于社员了解。

（八）社员账户管理

该社建立社员账户，由财务人员详细记载社员的出资额、应享有的公积金份额以及社员与合作社的交易量（额）。社员与非社员要分开核算。国家财政扶持补助、其他捐赠的资金和财产，不得分配给成员，不得记入成员账户，仅作盈余分配依据之一，成员退社后不再享有。

八、社员盈余分配制度

（一）分配对象。参加盈余分配的人员为持有该社《社员证》的社员。

（二）分配核算。合作社在进行年终盈余分配工作以前，财务人员要做好财物清查，准确核算全年的收入、成本、费用和盈余，清理资产和债权、债务。财务核算结束后，向理事会提交盈余分配方案。

（三）盈余分配顺序和办法。合作社的盈余按照下列顺序进行分配：

1. 提取盈余公积金。按照章程或成员大会决议规定的比例提取，用于弥补亏损、扩大生产经营或者转为成员出资。若累计有亏损，首先弥补亏损，抵亏后的公积金余额再用于扩大生产经营或者转为成员出资。

2. 向社员分配盈余。合作社的盈余经过上述分配后的余额，按照交易量（额）向社员返还，分配比例不低于可分配盈余的60％；按照出资额、成员应享有公积金份额和国家财政扶持资金及接受捐赠确定为社员的份额向社员进行分配，分配比例不超过可分配盈余的40％。入社不满一年的社员，根据社员实际出资和入社时间，按时间段按比例进行分配。

（四）审批程序

理事会接到合作社财务部提交的盈余分配方案后，组织召开有监事会成员、管理人员、社员代表参加的理事会扩大会，听取意见，进一步完善方案，经理事会审核后，提请社员（代表）大会审议批准后方可执行。

（五）记载登记

按交易量（额）比例分配盈余金额及平均量化到社员的资金份额要记载到《社员证》中。

九、项目投资管理制度

（一）项目投资范围本制度所指的项目投资是指与该社生产经营有关项目的内部投资。

（二）投资项目的立项

理事会接受投资项目建议后，确定专人组成项目论证小组进行实地考察和调查研究，提出项目是否建设建议。论证小组认为项目可行的，编制可行性报告及实施方案，按程序及权限审核和审批。理事会对报送的投资项目可行性报告经审核后认为可行的，应尽快给予审核并按程序提交有关会议审定。项目可行性论证内容包括：市场状况分析、投资额度、投资资金筹措、投资回报率、投资风险、投资占用时间、政策优惠条件、收益分配等。

（三）投资项目审批和实施

凡超过__________元以上的投资（或理事长个人在该社股金额度2倍以上的投资）属于重大投资。该社的重大投资项目由理事会审核，社员（代表）大会批准，理事会组织实施。一般投资由监事会审核，理事会审批，组建项目部实施。

（四）项目投资资金的筹措管理

1. 投资项目资金筹措以实现该社最广泛的社员及其最大限度的收益为原则，来确定资金筹措渠道和范围。

2. 在国家部分投资，合作社有能力配套投资项目建设情况下，不得动员社员再入股投资和贷款投资。

3. 项目投资优先该社社员在规定时间内入股投资。部分社员不愿入股投资的，其他社员个人入股投资最高不得超过总投资的20%，理事长个人入股投资最高不得超过总投资的30%，团体社员入股投资最高不得超过总投资的40%。

4. 项目投资额度在社员入社出资总额30%以内的，合作社经理事会决定，可以直接利用贷款投资。使用政府贴息贷款和农业担保公司担保贷款的项目投资，理事会审批投资权限额度可提高到社员在合作社入股出资总额的80%。

5. 采用合作社贷款投资项目的额度最高不得超过社员入社总出资额的80%，并要经过社员（代表）大会三分之二以上的参会人员同意。

（五）投资项目的建设监督管理

监事会负责投资项目建设的质量、进度、安全和资金使用的监督管理。项目建设结束后，要组织项目建设验收和项目建设资金内部审计。

（六）建成项目的经营管理

项目建成验收后，由理事会负责将该项目纳入合作社一体化经营管理，属社员与合作社共同投资建设的项目（即本制度第四条第3款类型）要单独核算。

（七）投资项目收益分配

1. 项目投资收益按投资股份分配。

2. 该社使用国家扶持资金、其他捐赠资金、合作社公积金、社员未分配盈余和合作社贷款投资项目的，均属合作社对项目的投资，其投资收益记入合作社收入，社员在合作社按盈余分配制度分配。

3. 由社员在该社完成基本出资入股的基础上，又直接投资入股与合作社共同投资建设的项目收益，按投资股份分配。社员的再投资收益分配给投资的社员，合作社投资所分得的项目收益记入合作社收入。

十、档案管理制度

（一）归档范围

凡是反映该社活动的章程、管理制度、社员情况、规划、年度计划、统计资料、财务审计、会计档案、劳动工资、经营情况、人事情况、会议记录、决定、委托书、协议、合同、项目方案、通知等具有参考保存价值的各种文字、图表、声像等不同形式的历史记录均属归档范围。

（二）档案管理由档案管理员负责

保证该社的原始资料及单据齐全完整、安全保密和使用方便。

（三）资料的收集与整理

归档资料实行"季度收集整理"和"年度归档立卷"制度，即：每年的四月、七月、十月和次年的一月为季度收集整理期，每年二月为档案资料归档立卷期。档案管理员根据有关文书立卷归档管理制度实施档案归档整理。

（四）资料的分类与归档

档案资料的分类依据文书立卷归档管理的有关规定执行。档案资料的归档每年一次，属于平时立卷归档的不在此规定范围内。

（五）档案的借阅

理事会和监事会成员借阅非密级档案可直接通过档案管理员办理借阅手续。因工作需要，该社的其他人员需借阅档案的，本人提出申请，非密级的由理事会成员审批；借阅密级档案的由理事长审批，原则上只能在档案室阅览，不准再外借；该社外的人员借阅档案，一律由理事长审批。

（六）档案的销毁

任何个人或部门未经允许不得销毁档案资料。档案到了销毁期，由档案管理员进行清理，写出书面销毁报告，经理事会讨论报上级业务主管部门批准后执行。经批准销毁的档案，档案管理员须认真核对，将批准的档案资料销毁审批报告和将要销毁的档案资料做好登记并归档。销毁登记表永久保存。在销毁档案资料时，必须由监事会成员监督销毁并在销毁登记表上签字。

十一、社务公开制度

（一）社务公开的内容

1. 该社发展规划，年度工作目标及执行情况；社员（代表）大会和理事会讨论决定事项的实施情况；理事会年度工作目标执行情况；监事会工作目标完成情况。

2. 合作社年度财务计划、财务决算和债权债务情况。

3. 社员的入社、退社、除名情况；社员在合作社入股情况，公积金、国家财政扶持资金及接受其他捐赠量化到社员个人账户份额情况；社员与合作社的交易额（量）情况；社员盈余分配、投资收益分配等情况。

4. 国家对该社的扶持、该社接受其他捐赠收支、使用、管理情况。

5. 管理人员、技术人员的聘请、解聘及其工资、奖金、补贴和福利情况，公务活动方面的开支情况，工作业绩情况。

6. 资产的购置、使用、处置等管理情况以及收益情况；该社建设项目的投资、管理和收益情况。

7. 该社办公费、旅差费、招待费、宣传费等非生产性支出情况。

8. 涉及该社社员利益，社员普遍关心和要求公开的其他事项。

（二）社务公开的形式

1. 公开栏公开。在合作社办公地点设置社务公开栏，将公开事项逐条予以公布，并设置意见箱。

2. 会议和公开信公开。通过召开社员（代表）会议，发放社务公开内容资料，宣读公开内容进行公开。合作社定期印发社员公开信公开社员应知内容。

3. 填写发放社员证公开。设计制作集注明社员身份、股金证明、社员个人账卡、社情员意、明白卡等于一体的社员证，适时填写发放公布，但不得取代公开栏。

（三）社务公开的时间

基该社务每季度月底公布，每年定期公开四次。财务公开内容每月公开一次。填发社员证公开，一般一年一次。应当及时公开的事项随时公布。

（四）社务公开的程序

1. 监事会根据该社的实际情况，依照政策法规和社员的要求，提出社务公开的具体方案。

2. 理事会对方案进行审查、补充、完善后，根据公开的内容采取多种不同形式，安排相关部门和人员及时公布。

3. 监事会建立社务公开档案备查。

（五）意见反馈

每次社务公开后，理事会负责收集、听取、接受社员反映的询问、意见和投诉，并及时予以解释和答复。理事会能够当场答复的，要当场给予答复；不能够当场答复的，应当于 7 日内做出答复。半数以上的社员对社务公开的事项不同意的，应当坚决予以纠正，并重新公布。对反映的突出问题要组织专门人员调查、核实、纠正，督促整改落实。

(六)监督管理

对不按规定进行社务公开的,监事会可以责令其限期公开;对弄虚作假、欺瞒社员的,给予有关责任人员批评教育,并责令其改正;对拒不改正或者情节严重以及有打击报复行为的,可以建议理事会按程序对有关责任人员予以罢免职务和除名;对社务公开中发现有挥霍、侵占、挪用、贪污合作社财物及其他违法行为的,应当及时处理,对其中构成犯罪的,移交司法机关依法处理。

参考文献

[1]何秀荣．农民合作社的起源、发展和变革[J]．社会科学战线，2022(10)：66-75.

[2]朱京燕，曹军．农民合作社建设与管理[M]．北京：中国农业大学出版社，2016.

[3]韩俊．在中国邮政助力农民合作社高质量发展交流活动上的讲话(zgnmhzs.cn)[EB/OL]．[2020-11-16]．http://www.zgnmhzs.cn/yw/202011/t20201116-7558718.htm.

[4]中化农业推动农民合作社高质量发展[EB/OL]．[2020-08-24]．http://www.ce.cn/xwzx//gnsz/gdxw/2020/08/24/t20200824-35588351.shtml.

[5]顾仁恺．农民专业合作社建设与经营管理[M]．北京：中国农业出版社，2018.

[6]李秀萍，等．农民专业合作社建设与经营管理[M]．北京：中国农业科学技术出版社，2017.

[7]农业农村部农村合作经济指导司．新型职业农民专业合作社[M]．北京：中国农业出版社，2019.

[8]李艳萍，闫云婷．农民专业合作社运营管理与实务[M]．北京：化学工业出版社，2022.

[9]辛子军，董云鹏．农民专业合作社运营实务[M]．北京：中国农业出版社，2017.

[10]季玉福．农民专业合作社规范化建设[M]．北京：中国农业

科学技术出版社,2012.

[11]白立忱．农民专业合作社简明读本[M]．北京:中国社会科学出版社,2006.

[12]周晖,等．农民专业合作社实务教程[M]．北京:中国农业科学技术出版社,2012.

[13]李瑞芬．农民专业合作社你问我答[M]．北京:中国科学技术出版社,2018.